Hardy Bouillon

Erfolg durch Fair Play

Hardy Bouillon

Erfolg durch Fair Play

Warum sich Fairness im Business lohnt

SIGNUM

Jana und Jan Bodo, die auch dann noch fair bleiben, wenn ich zu wenig Zeit für das gemeinsame Spiel aufbringe

Wir danken der Firma COREL für die Abdruckgenehmigung der Abbildungen in diesem Buch, die der CD-ROM COREL GALLERY 2 entnommen wurden

Die Deutsche Bibliothek – CIP-Einheitsaufnahme

Bouillon, Hardy:
Erfolg durch Fair Play : Warum sich Fairness im Business lohnt. – Wien : Signum-Verl., 1998
(Power-Guide)
ISBN 3-85436-269-2

Lothringerstraße 14, A-1031 Wien
Tel.: 0043/1/711-95-0
Fax: 0043/1/711-95-5299
E-Mail: contact.us@signum.voei.at
Website: http://www.signum.at

Druck: Ueberreuter Buchbinderei und Buchproduktion Gesellschaft m.b.H., A-2100 Korneuburg, Industriestraße 1

ISBN 3-85436-269-2

Wien 1998

Inhalt

Einleitung

„Wenn ich wüßte, was ich wollte, wie ich es zu sagen hätte und wie ich es machen sollte, dann wäre mir geholfen."

Daß viele Menschen ein paar Fragen haben, kommt vor. Daß ein paar Menschen viele Fragen haben, kommt auch vor. Aber daß ein Mensch alle Fragen hat, ist eher selten. Der Urheber des Zitats hatte sie – alle Fragen, die für seinen wie auch für Ihren Weg zum Erfolg von Bedeutung sind. Fein säuberlich separiert lauten sie: „Was will ich?" „Wie sage ich es?" „Wie mache ich es?"

Zu jeder dieser Fragen gibt es in diesem Buch ein Kapitel mit Antworten, in denen philosophisches Hintergrundwissen und dessen Bedeutung im Berufsalltag einer Führungskraft in verständlicher Weise verknüpft sind.

Um der unterschiedlichen Interessenlage einer breiten Leserschaft so weit wie möglich gerecht zu werden, wurden die Beispiele aus der Praxis in überschaubare Kästchen gesetzt, Hintergrundinformationen wie Literaturhinweise vor einem Hintergrund gedruckt (daher „Hintergrundinformationen"), Übungen durch Tafeln hervorgehoben und alles zusammen in einen Fließtext gebettet. Selektive Lesbarkeit ist ein Service für eilige Leser. Dieser durchzieht das ganze Buch. Insofern dürfte, wer alles in einem Zug verschlingt, hier und da ein Déjà-lit-Erlebnis haben.

Noch etwas anderes durchzieht das Buch: eine philosophische Botschaft. Sie lautet: „Wenn ich Erfolg haben will, muß ich wissen, was ich will. Und wenn ich es mit anderen erreichen will, muß ich wissen, wie ich mit ihnen kommunizieren und umgehen soll. Und wenn mein Erfolg auch noch von Dauer sein soll, dann müssen meine Worte und mein Handeln so sein, daß sie von den anderen akzeptiert werden können." Diese Losung ist das Band, das die drei Kapitel zusammenschnürt, und setzt meiner Kommunikation und meinem Tun bestimmte Regeln: die Regeln des Fair Plays. Fair ist, wer die anderen als Partner behandelt und im Umgang mit ihnen

Gerechtigkeit, Toleranz und Mut beweist. Wie dies in der Praxis aussieht, zeigen die drei Kapitel dieses Buches.
Um es in der Sprache Woody Allens auszudrücken: In Kapitel A erfahren Sie, was Sie schon immer über den Willen wissen wollten, sich aber nie zu fragen getraut haben: Wie frei ist mein Wille? Und wie weit kann ich ihn selbst bestimmen? Dazu gibt es viele Tips und Übungen. Denn ohne Einstimmung keine Bestimmung des Willens. Zu guter Letzt gibt es eine praktikable Anleitung, mit der Sie entdecken können, was Sie wollen, nicht wollen und wie Sie sind.
Der Wille allein genügt nicht. Er muß auch durchgesetzt werden. Und dazu brauchen wir die anderen: Mitarbeiter, Kunden, Geschäftspartner, Lieferanten u. a. Ohne Kommunikation läuft dabei nichts, egal ob mit oder ohne Worte. Verbale wie nonverbale Kommunikation haben idealerweiser ein gemeinsames Ziel: die klare Botschaft des Willens. „Was sich überhaupt sagen läßt, läßt sich klar sagen; und wovon man nicht reden kann, darüber muß man schweigen", hat schon Ludwig Wittgenstein erkannt. Wie Sie klar sagen, was Sie wollen, wie Sie ebenso klar verstehen, was andere wollen, und wie Sie im Meinungsaustausch einen klaren Kopf behalten, kurz: wie Sie erfolgreich partnerschaftlich kommunizieren, sagt Ihnen Kapitel B.
Worte sind Schall und Rauch, und auch Werte sind nichts wert, wenn sie nicht gelebt werden. In einer Welt, in der die Grenzen der Kuschelmoral verkannt werden, ist das berufliche Handeln nach angemessenen Werten schwierig geworden. Um es zu erleichtern, wird das Erfolgsgeheimnis von Gerechtigkeit, Toleranz und Mut neu entdeckt, mit lebendigen Beispielen illustriert und ausführlich erläutert. Soviel zu Kapitel C.
Und jetzt sind Sie dran. Viel Spaß bei der Lektüre wünscht Ihnen

Ihr Hardy Bouillon

Für nähere Informationen über bevorstehende Seminare wenden Sie sich bitte an folgende Adresse:

Public Partners
c/o Hardy Bouillon
D-54290 Trier, Sichelstraße 24
Tel.: (0049) (0)651 99 40 918
Fax: (0049) (0)651 99 40 919
E-Mail: 106106.276@compuserve.com

A
Ich weiß, was ich will
1. Ich wähle meinen Willen selbst!

Falls ja: Wie geht das? Die Vorstellung, den eigenen Willen wählen zu können, löst bei manchen Menschen Freude und Zustimmung aus, bei anderen Befremden und Skepsis. Für die Skeptiker ist der Wille etwas, das vorliegt – starr und unbeeinflußbar. Die Befürworter sehen das anders. Sie glauben, der Wille könne sehr wohl gewählt werden, da er frei sei und freier Wille nichts anderes als die Möglichkeit bedeuten könne, frei zu entscheiden, was man wolle.
Wie auch immer, die Vorstellung vom freien Willen kann Verwirrung stiften. Die Philosophie ist dieser Gefahr oft entronnen, aber auch oft erlegen. Entronnen ist sie ihr immer dann, wenn sie zwei Ebenen getrennt von einander betrachtet hat. Das sollten wir auch tun. Da ist einerseits der *Wille* als bestimmte, feststehende Tatsache und andererseits die *Willkür* als Fähigkeit, das Handeln durch den eigenen Willen zu bestimmen. Der Wille ist also teils unfrei, weil vorgegeben und somit bestimmt, und teils frei, weil wir nicht uneingeschränkt bestimmen können, was wir wollen können.

Wir können nicht „wollen" wollen

Ein einfacher Test beweist Ihnen das. Probieren Sie einmal, etwas zu wollen, das sie nicht ohnehin wollen. Denn das meint ja „wollen wollen". Denken Sie an ein Gericht oder ein Getränk, das sie nicht mögen, nicht wollen. Und nun strengen Sie Ihren Willen an. Versuchen Sie, das Gericht oder das Getränk zu wollen. Versuchen Sie, zu wollen, was Sie nicht wollen. Los, versuchen Sie es. Strengen Sie sich an!
Sie merken, es funktioniert nicht, egal wieviel Mühe Sie

aufwenden. Der Versuch ist so aussichtslos wie das Unterfangen, sich selbst an der eigenen Krawatte in die Höhe zu ziehen.

Zu wollen, was man nicht will, ist unmöglich. Wenn Sie wollen, dann probieren Sie auch das Entgegengesetzte. Versuchen Sie, *nicht* zu wollen, was Sie wollen. Denken Sie an einen netten Kollegen oder eine angenehme Kollegin, die sie mögen. Und nun strengen Sie Ihren Willen an. Versuchen Sie, sie oder ihn *nicht* zu mögen. Los, jetzt aber heftig. Geben Sie sich Mühe!

Sie stellen fest, auch das funktioniert nicht. Da hilft keine noch so große Anstrengung. Sie werden aber bemerken, daß etwas anderes möglich ist. Sie können beeinflussen, ob Sie das, was Sie wollen, *jetzt* wollen. Sie können z. B. bewußt verzichten. Auch wenn Ihr Durst sehr groß ist, so sind Sie doch in der Lage zu sagen: „Nein, kein zwölftes Bier. Ich will noch meinen Vortrag für morgen schreiben.“ Genau diese Fähigkeit ist gemeint, wenn wir sagen, unser Wille sei frei. Wir sind in der Lage, rational abzuwägen, ob wir unseren Willen unter den Rahmenbedingungen, unter denen wir ihn umsetzen können, verwirklichen wollen oder nicht. Genau diesen Sachverhalt meine ich, wenn ich sage:

Wählen Sie Ihren Willen!

Die Möglichkeit, den Willen selbst zu wählen, reicht aber noch weiter. Ein Leibgericht, ein Lieblingsgetränk: sie können ein Leben lang Favoriten bleiben. Aber sie bleiben es nicht immer. Lieben Sie Miesmuscheln? Haben Sie sich schon einmal den Magen mit Miesmuscheln verdorben? Ein unerwarteter Begleitumstand kann uns die Leibspeise vergällen, z. B. wenn Miesmuscheln sich als miese Muscheln entpuppen. Dann wollen wir unser Lieblingsgericht plötzlich nicht mehr. D. h., unser Wille ist zwar vorbestimmt, aber nicht starr. Er ist wandelbar. Das gilt für Lieblingsspeisen, aber auch für vieles andere.

Es gibt Menschen, die ein Leben lang nach Macht und Reichtum gestrebt haben, dann wie aus heiterem Himmel einen lieben Menschen verloren, und nun das, was sie früher einmal *gewollt* haben, schal finden und nicht mehr *wollen.* Es gibt aber auch Menschen, die Verantwortung und Leistung ein Leben lang abgelehnt haben, aber dann plötzlich beides für erstrebenswert halten und danach greifen. Manchmal sind es unerwartete Ereignisse (Schlüsselerlebnisse), die unseren Willen abrupt umgestalten, manchmal bahnen Änderungen unseres Willens sich langsam an.

Gelegentlich wünschen wir, etwas zu wollen, nach dem unser ursprünglicher Wille nicht strebt. Dann sagen wir uns z. B.: „Ach, wäre ich doch ehrgeiziger." Allein uns fehlt der Wille und damit der Ansporn. So wünscht der Unentschiedene, er hätte den Willen zu mehr Entschlossenheit; und der Zielstrebige, ihn triebe der Wille zu mehr Spontaneität und Lässigkeit. Aber wir wissen ja: wir können nicht wollen wollen. Es ist Sache des Willens, zu wollen. Und in die Entscheidungsgewalt unseres Willens können wir nicht ohne weiteres eingreifen. Wir können aber durchaus wollen, daß unser Wille *künftig* etwas wollen wird, das er noch nicht will. Wir können den Wunsch haben, daß unser Wille ein anderer wird als der, der er im Moment ist. Und dieses Wollen können wir fruchtbar umsetzen.

Sie kennen das: Sie sind müde und abgespannt. Es war ein langer, ein harter Tag. Jeder wollte etwas von Ihnen. Und jetzt sind Sie fertig und wollen ausspannen. Lust auf Theater, ein Abendessen mit Freunden? Nein danke, viel zu kaputt. Aber dann: eine liebevolle Massage, entspannende Musik, eine Entspannungsübung, ein heißes Bad, und langsam kommt der Wille, kommt die Lust – die Lust auf Theater, die Lust auf ein Abendessen mit Freunden.

Wir können unseren Willen selbst wecken, indem wir für Entspannung sorgen, für eine gelöste Atmosphäre, für eine heitere Stimmung. Die besten Ideen kommen uns immer dann, wenn wir gut gelaunt sind, entspannt, ausgelassen. Sie beflügeln uns, reißen uns mit. Wenn wir

mißmutig sind oder gar trübselig, will uns nichts einfallen, nichts gelingen. Diese, leider wenig inspirierende, Erfahrung machen wir alle, meist tagtäglich. Andererseits machen wir auch die entgegengesetzte Erfahrung. Wir erleben, daß wir die besten Einfälle haben, wenn es uns gut geht, wenn das „Drumherum" stimmt.
Und was das Umfeld angeht, so können wir vieles bestimmen, vieles gestalten. Wir können eine stimulierende Aura schaffen, in der die Lust an der Willensbildung um ein vielfaches größer ist als im herkömmlichen Ambiente des Alltags. Genau hierin liegt die große Chance, auf unseren Willen zwar indirekt, aber nachhaltig Einfluß zu nehmen.

Geben Sie Ihrem Willen die Chance, sich zu wandeln!

Auf diese Weise schaffen Sie eine weitere Möglichkeit, Ihren Willen indirekt zu wählen.
Wenn Sie Erfolg haben wollen, dann gehen Sie auf Menschen zu, die Erfolg haben, und sprechen Sie mit ihnen über deren Erfolg. Wenn Sie ein Mensch werden wollen, der die Natur liebt, dann suchen Sie die Begegnung mit Menschen, welche die Natur lieben. Wenn Sie entschlossener werden wollen, dann suchen Sie das Gespräch mit Menschen, die von den Vorteilen ihrer Entschlossenheit begeistert berichten.

Der Wille: „Ich bin so frei."

Die Vorstellung vom freien Willen stiftet immer wieder Verwirrung. Die mit ihr verbundenen Probleme konnte die Philosophie nie zur allgemeinen Zufriedenheit lösen. Dieses Unvermögen hat viele Ursachen. Einer der wichtigsten Gründe liegt darin, daß wir den Willen weder als vollkommen frei noch als vollkommen unfrei denken können. Versuchen Sie einmal zu überlegen, was es heißt, anzunehmen, der Wille sei vollkommen frei.
Wenn der Wille frei ist, dann kann er nicht bestimmt sein. Das heißt auch, er kann nicht Teil des Gehirns sein, denn alle Teile des Gehirns sind bestimmt. Jede Zelle des Hirns entsteht

und funktioniert nach biologischen Regeln. Wenn der Wille also nicht Teil des Gehirns ist, was und wo ist er dann? Wo geht er hin, wenn unser Körper dahingeht? Und wo war er, als unser Körper nicht da war? Wie entsteht er? Hat er überhaupt materielle Eigenschaften? Falls nicht, wie kann er als Nicht-Materie unsere neuronalen Operationen, unsere Gedanken, lenken? Wir sehen: Der freie Wille kennt viele unbequeme Fragen.

Doch mit dem unfreien Willen steht es nicht besser. Wenn der Wille unfrei ist, dann ist er bestimmt, d. h. Faktoren ausgesetzt, wie z. B. den Gesetzmäßigkeiten der Biologie, die ihn prägen. Wenn der Wille aber bestimmt und unfrei ist, dann heißt das auch, daß wir gar nicht freiwillig handeln können, sondern immer nur auf vorbestimmte Weise. Das aber heißt, daß wir gar nicht (im vollen Sinne) handeln, sondern nur reagieren können: Keine unserer Entscheidungen wird von uns getroffen. Alles, was wir tun, ist eine logisch-mechanische Folge dessen, was vorher auf uns einwirkte. Wir sind keine Menschen, sondern nur Zombies, die, den Naturgesetzen folgend, reagieren. Sie können nicht entscheiden, ob Sie das Buch an dieser Stelle zuschlagen oder weiterlesen, weil der freie Wille, den Sie dazu bräuchten, nicht existiert. Wenn wir aber nur reagieren und nicht selbst entscheiden können, wie können wir dann Verantwortung tragen? Werden wir dann nicht für etwas zur Rechenschaft gezogen, für das wir weder verantwortlich sind noch sein können?

Wir sehen, die Vorstellung, der Wille sei unfrei, führt zu der Schlußfolgerung, daß das Handeln und die Verantwortung des Menschen unverbunden seien. Diese Konsequenz wollen wohl nur die wenigsten akzeptieren. Unsere gesellschaftliche Ordnung basiert auf der Vorstellung, daß die Menschen zumindest hauptsächlich für ihr Tun verantwortlich seien und somit auch zur Verantwortung gezogen werden können und dürfen.

Wenn wir glauben, daß es den freien Willen gibt, dann macht es Sinn, nach dem zu suchen, das wir wollen. Aber was wollen wir? Der griechische Philosoph Aristoteles (384-322 v. Chr.) ging davon aus, es sei Teil der menschlichen Natur, nach dem Guten zu trachten, und der Verstand helfe uns dabei. Er glaubte, tugendhaftes Leben führe den Menschen zu dem, was dieser als höchstes Gut erstrebe: zur Glückseligkeit.

Auch heute glauben wir, der Verstand helfe uns, die richtige Handlung zu wählen, und der Wille gebe den Impetus zur

Handlung. Aber wir leben nicht in der Welt der antiken Philosophie. Wir zählen nicht zu den jungen wohlhabenden Männern, welche die Muße zur sittlichen Unterweisung durch Aristoteles aufbrachten. Wir haben täglich harte Arbeit zu verrichten, sind nie oder unzureichend in der Tugendlehre unterrichtet worden, haben wenige oder keine sittlichen Vorbilder von hohem Rang, denen wir das eine oder andere abschauen könnten. Wir leben heute und sind bei der Erkenntnis über die Beschaffenheit unseres Willens meist auf uns selbst gestellt und suchen dazu probate Anleitungen. Das ist unsere Lage. Das ist aber auch unsere Chance – die Chance, herauszufinden, was wir wollen.
ARISTOTELES, DIE NIKOMACHISCHE ETHIK

Fragen Sie sich auch manchmal: „Warum habe ich jetzt die Wahrheit gesagt? Eine Lüge hätte mir weiter geholfen." „Warum wurde ich beim Lügen rot?" „Warum ziehe ich das sittlich Gute dem sittlich Schlechten vor?"
Gewiß, es gibt Ehebruch, Lügen und Betrügereien in der Welt. Wohl keiner von uns ist frei von kleinen, läßlichen Sünden. Aber warum ist es so, daß wir Sünden bereuen, das Schlechte verachten und das Gute wollen? Für viele Fälle unseres Lebens ist die Antwort auf diese Frage recht einfach: Es ist langfristig erfolgversprechender, gut statt schlecht zu sein. Wir ziehen die Gesellschaft guter Menschen der Anwesenheit schlechter Artgenossen vor. Wer erklärtermaßen das Schlechte statt des Guten erstrebte, hätte wenige Freunde. Sein Leben wäre ärmer als das der anderen. Außerdem ist die Erstrebung des Guten Teil unserer Erziehung, unserer kulturellen Entwicklung.
Aber das Gute dem Schlechten vorzuziehen, ist nicht allein mit Überlebensvorteilen und ähnlichem zu erklären. Wir wollen das Gute auch dann, wenn dessen Eintreffen uns in keiner Weise berührt. Wenn wir erfahren, daß jemand in einer fremden Stadt überfallen wurde, dann sind unsere Sympathien auf der Seite des Opfers und nicht auf der des Räubers. Wenn wir einen Bewerber abweisen müssen, den wir voraussichtlich nie mehr sehen werden, wünschen wir ihm alles Gute. Ihm alles Schlechte zu wünschen, käme uns nicht in den Sinn.

Das Gute zu wollen, ist das, was uns allen eigen ist – einigen mehr, anderen weniger. Aber *wie* wir das Gute anstreben und was wir darüber hinaus wollen, ist eine höchst individuelle Angelegenheit. Sie bedeutet, herauszufinden und anzuerkennen, wo wir stehen. Wenn wir wissen, daß wir einen Beruf ausüben wollen, der uns mit vielen Menschen zusammenbringt, dann sollten wir das Leben eines Einzelkämpfers meiden. Wenn wir lieber in der Natur sein wollen als im Büro, sollten wir jeden Job ablehnen, der uns das Gegenteil abverlangt.

Viele Menschen merken spät, daß sie den falschen Beruf gewählt haben bzw. sich wählen ließen. Sie haben zwar Erfolg, sind aber unzufrieden. Das Wort *„Erfolg"* bringt an den Tag, warum das so ist. Der Er*folg* ist das Resultat, das einem Entschluß, einer Handlung *folgt*. Wenn ich etwas will, es tue, und der erwartete Effekt eintritt, dann empfinde ich Freude. Das Band zwischen Wille, Handlung und Handlungserfolg ist intakt. Wenn aber weder der Entschluß noch die Handlung meinen Willen widerspiegeln, wie sollte es da der Erfolg? Wer immer nur tat, was Vater, Mutter und andere von ihm wollten, der wird kaum Erfüllung gefunden haben.

Wenn Ihnen die Freude am Erfolg einmal mangeln sollte, dann fragen Sie sich, wie sehr Sie das Eingetretene gewollt haben, und achten Sie künftig mehr darauf, zu wollen, was Sie tun. Wenn Sie längere Zeit die Freude an Ihren Erfolgen vermissen, obwohl es an sich nichts gibt, das Ihnen die Freude vergällen könnte, dann haben Sie vermutlich andere gewähren lassen, die Sie formten. Das ist bitter. Denn wer nicht formt, wird geformt.

Ein Psychoanalytiker wollte einmal einen wohlhabenden Mann von den Vorteilen seiner Methode überzeugen. Er redete auf ihn ein und lobte die Psychoanalyse in höchsten Tönen. Der Mann hörte eine Weile zu. Dann antwortete er: „Warum soll ich viel Geld bezahlen, um mich meiner

Umwelt anzupassen, wo ich doch so reich bin, daß ich meine Umwelt mühelos mir anpassen kann.“

Kein Erfolg ohne Wille

Der Wille ist Teil unserer Überlebensfähigkeit, unseres Lebenserfolges. Das ist jedenfalls die Antwort, die wir den Arbeiten der Humanethologen entnehmen können. Die Humanethologie ist die Lehre vom biologisch bestimmten Verhalten des Menschen. Sie ist vor allem durch die Arbeiten von Konrad Lorenz bekannt geworden. Wer kennt ihn nicht aus dem Biologieunterricht: den Mann mit dem vollen weißen Haar, der den kleinen Entlein vorausschwamm, die bei ihrer Geburt auf ihn geprägt wurden.
Konrad Lorenz und seine Nachfolger, wie z. B. Irenäus Eibl-Eibesfeldt, erklären viele Verhaltensweisen des Menschen mit deren Vorteilen für das Überleben. Zögerliches Verhalten hatte in der Savanne meist den Tod zur Folge. Der Primat, der zulange überlegte, ob er vor einem wilden Tier fliehen sollte oder nicht, gehört nicht zu unseren Vorfahren. Wer aber entschlußfreudig war, der hatte große Überlebens- und Fortpflanzungschancen.

In unserer Zeit ist das Verhältnis zwischen den überlebenswichtigen und den überlebensunwichtigen Entscheidungen anders. Wir leben in Städten, in denen uns nur selten durch wilde Tiere Gefahr droht. Die Zahl der lebensbedrohlichen Alltagssituationen ist rückläufig. Viele Entscheidungen können wir reiflich überlegen, ihr Hinauszögern kostet uns relativ wenig.

Irenäus Eibl-Eibesfeldt, Die Biologie menschlichen Verhaltens. Grundriss der Humanethologie, München 1984; Konrad Lorenz, Vergleichende Verhaltensforschung. Grundlagen der Ethologie, Wien 1978

Das Leben vor Entscheidungen stellen

Rolf T. (30) war seit fünf Jahren ein durchschnittlich erfolgreicher Produktmanager in einem mittelständi-

schen Unternehmen. Als er von einer anderen Firma ein lukratives Angebot erhielt, geriet er in Entscheidungsnot. Er schwankte tagelang hin und her. In dieser Zeit suchte er bei mir Rat. Er schilderte seinen Werdegang und seine jetzige Situation ausführlich.
Die Lebensstationen, die er beschrieb, hatten eine auffällige Gemeinsamkeit. In seiner Biographie war es meist so, daß das Leben von ***ihm*** *Entscheidungen abverlangte. Selten war er es, der das* ***Leben*** *vor Entscheidungen stellte. Vereinfacht gesagt, obwohl er strebsam war, ließ er sich treiben. Wichtige Entscheidungen fällte er stets widerwillig, und meistens konsultierte er andere und folgte willig deren Rat – mal dem Rat seiner Eltern, mal dem seiner Brüder oder mal dem eines Freundes. Sein ganzes Leben lang ließ er andere für sich entscheiden. Hatte er sich in den Rat der anderen gefügt, war er wieder frohen Mutes und ging eifrig ans Werk.*
Jetzt war er (wieder einmal) niedergeschlagen, und es wurde sehr schnell klar, was er erwartete: nicht einen Rat, sondern eine Entscheidung. Im Verlauf unseres Gespräches erfuhr ich, daß er neben dem vorliegenden Angebot auch andere berufliche Alternativen in Erwägung zog. Das war ein Hinweis darauf, daß er außer der Abwerbung noch andere Gründe hatte, die Aufgabe seiner jetzigen Stellung zu erwägen.
Da er Offenheit für Veränderung signalisierte, schlug ich vor, gemeinsam die wichtigsten Kriterien für seine berufliche Erfüllung zu ermitteln und nach dem Grade ihrer Bedeutung zu ordnen. Das Resultat zeigte, daß ihm zwei Möglichkeiten von allergrößter Bedeutung waren: eine Vision entwickeln und umsetzen sowie eigenverantwortliche Ergebnisse produzieren zu dürfen. Weder seine jetzige Position noch das neue Angebot konnten ihm diese Chancen bieten.
Heute ist Rolf T. selbständig. Zu Beginn seiner Selbständigkeit war sein Einkommen bescheiden und lag weit unter dem, was er in seinem alten Job verdient hatte, doch mittlerweile hat sich das Blatt gewendet. Rolf T. hat seine Vision, die wir an jenem Tag spezifiziert hatten, in die Tat umgesetzt. Zum ersten Mal hat er eine wichtige Entscheidung nach seinem eigenen Willen gefällt. In den ersten anderthalb Jahren seiner

Selbständigkeit war er zwar nahe daran, seine Entscheidung zu bereuen, aber seine Motivation, die er aus der Einsicht nährte, nun endlich zu tun, was er ***tatsächlich*** *will, stärkte seinen Willen, den eingeschlagenen Weg fortzusetzen. Überflüssig zu erwähnen, daß der langfristige Erfolg das seine hinzutat.*

Wenn uns beim Lesen dieser Zeilen ein mulmiges Gefühl in der Magengegend beschleicht, dann sollten wir nicht aufhören, weiterzulesen, sondern den Mut aufbringen, fortzufahren. Denn oft unterliegen wir „nur" dem dumpfen Empfinden, dem eigenen Willen entflohen zu sein. In Wirklichkeit haben wir uns aber bisher nur erfolgreich davor gedrückt, unseren wahren Willen zu entdecken. In den meisten Fällen ist er nicht grundverschieden von dem, was wir bisher ohnehin, wenn auch nur vage, vermutet hatten. Und das mulmige Gefühl verschwindet wieder, sobald wir die Begegnung mit unserem „wahren" Willen durchlebt haben.
Wenn uns Rastlosigkeit umtreibt, wir von einem zum anderen übergehen, ohne Besinnung, dann ist es hohe Zeit, einzulenken und eine bestimmte Zeit fest einzuplanen, in der wir das Versäumte nachholen können. Eine gewisse Angst vor dem eigenen Ich, vor der Selbsterkenntnis ist uns angeboren. Wir brauchen uns ihrer nicht zu schämen. Und wenn wir unseren Willen nicht alleine kennenlernen wollen, dann besuchen wir am besten ein Seminar, in dem wir es mit Menschen tun können, denen es genauso geht wie uns. Haben wir Mut! Schlimmstenfalls entdecken wir, daß wir in Zukunft einiges anders machen wollen als bisher.
Vor uns liegt eines der erhebendsten Gefühle, wenn nicht sogar *das* erhebendste Gefühl, das der Mensch je erfahren kann: das Gefühl der *Selbstkenntnis*.

Die Selbsterkenntnis ist der Weg,
die Selbstkenntnis das Ziel

Haben Sie den Entschluß gefaßt, Ihren Willen umfassend kennenzulernen? Auf eigene Faust? Na, dann kann es losgehen.

2. Keine Bestimmung ohne Stimmung

Schaffen Sie eine positive Aura. Sie wollen das Interessanteste kennenlernen, das Ihnen in Ihrem Leben über den Weg laufen wird: Ihr eigenes Ich. Da sollten Sie schon einen großen Bahnhof machen. Es gibt viele Möglichkeiten, eine positive Aura zu schaffen. Vielleicht befinden Sie sich schon in ihr, sitzen in Ihrem Lieblingssessel, niemand stört Sie, und es geht Ihnen gut. Mag sein, Sie sind im Urlaub, liegen in der Hängematte und entspannen. Oder Sie haben nach einer ausgiebigen Bergwanderung den lang ersehnten Gipfel erreicht, genießen den herrlichen Weitblick, die himmlische Ruhe und sitzen auf einer Felsenplatte, um ein gutes Buch zu lesen. Wer weiß, vielleicht ist das Buch, das Sie gerade lesen, tatsächlich gut, und Sie fühlen sich dementsprechend wohl.

Und wenn nicht? Was, wenn Sie Tage harter Arbeit durchleben, keine Zeit zur Muße finden, was dann?
Nun, es gibt, wie gesagt, viele Möglichkeiten, die richtige Wohlfühlatmosphäre zu kreieren. Eine Möglichkeit ist „lächeln“.

Bitte lächeln!

Lächeln wirkt Wunder. Es entspannt Sie. Es entspannt die anderen um Sie herum. Es zeigt Sie von Ihrer persönlichen, sympathischen Seite. Es strahlt Sympathie aus. Es wirkt wie eine wohltuende Pause. Es löst allgemeines Wohlbefinden in Ihnen aus.

Wie kommt das? Durch die Anspannung der Lachmuskeln im Gesicht wird ein Nerv aktiviert, der die Ausschüttung der für Glücksgefühle zuständi-

gen Eu-Streßhormone verursacht. Eine Minute entspanntes Lächeln (z. B. vor dem Spiegel) reicht aus, um die Laune zu heben. Ihre Miene darf nicht zu einer Grimasse erstarren, sonst konterkarieren Sie die Wirkung. Denken Sie an etwas Schönes, lächeln Sie dabei, und verweilen Sie für 60 Sekunden in diesem Zustand. Danach werden Sie merken, daß Ihre Laune spürbar besser ist als vorher. Diese Übung eignet sich auch vor wichtigen Besprechungen, in denen Sie durch Ausstrahlung überzeugen wollen.

Die Methode des Lächelns lockert Sie auf, wenn Sie in Griesgrämigkeit zu versinken drohen. Sie ist kein Allheilmittel in allen Lebenslagen. Wer trauert, kann seine Trauer nicht durch ein Lächeln beseitigen. Er muß Trauerarbeit leisten. Und die braucht ihre Zeit. Das wollen wir hier nicht verkennen. Aber wir verkennen auch nicht, daß Trauer ein Sonderfall ist, tragisch, aber selten. Uns geht es um den Dauerfall, um unsere Stimmung im gewöhnlichen Alltag, die abgleiten, aber auch aufsteigen, eine positive Aura schaffen kann.
Sie wissen ja: Sie wollen das Interessanteste entdecken, das Ihnen in Ihrem Leben über den Weg laufen wird: Ihr eigenes Ich, Ihren eigenen Willen. Begeistern Sie sich für Ihren eigenen Willen! Bringen Sie Ihre Begeisterung zum Ausdruck – nicht nur mimisch, sondern auch sprachlich. Sagen Sie sich und anderen, wovon Sie begeistert sind.

Das Wetter von Chicago

Felix B. (36) machte seinem Namen wenig Ehre. Jedesmal wenn wir uns trafen und ich mich nach seinem Befinden erkundigte, begann er zu klagen – mal über seine jüngste Tochter, die ihn nachts nicht zur Ruhe kommen ließ, mal über einen Kollegen, der ihm das Leben schwer machte, und mal über die trüben Aussichten, in seiner Firma nach oben zu gelangen. Nach dem zu urteilen, womit er unsere Unterhaltungen begann, war Felix (lat. der Glückliche) alles andere als glücklich. Mißmut und Mißerfolg schienen seine täglichen Wegbegleiter zu sein. Doch der Schein trog.

Erzählte er vom nächtlichen Unruhestiften seiner Tochter, griff ich das Thema „Tochter" auf, erinnerte ihn an eine lustige Begebenheit, die er mit ihr erlebt und früher einmal erzählt hatte, und bat ihn, mir noch einmal genau zu schildern, wie diese Begebenheit sich seinerzeit zugetragen hatte. Felix kam dieser Bitte gerne nach. Sein ernstes Gesicht wurde heiter und gelöst. Er erzählte ausgedehnt und beendete die Geschichte mit einem herzhaften Lachen.

Ähnlich verlief es in den anderen Fällen. Berichtete er von den Schwierigkeiten mit seinem Kollegen, frug ich ihn, ob dieser Kollege immer noch jene Marotte habe, die er mir einst anvertraut hatte. Seine Miene erheiterte sich daraufhin, und er erzählte vergnügt eine neue Geschichte über seinen Kollegen und dessen Marotte.

Klagte er über die Aufstiegschancen in seiner Firma, fragte ich ihn nach dem Zeitpunkt seiner letzten Gehaltserhöhung, worauf er schmunzelnd von der Gratifikation erzählte, die er als einziger seiner Abteilung im letzten Jahr erhalten hatte.

Felix B. dachte immer zuerst an das Negative seines Tages. Wenn er die freie Wahl hatte, über etwas Angenehmes oder Unangenehmes zu berichten, fiel seine Wahl meistens auf die Schilderung des Unangenehmen. Sein Verhalten erweckte unwillkürlich den Eindruck, Felix sei ein unglücklicher Mensch. Ich fühlte mich oft an die Filmfigur des Felix Unger erinnert, die Jack Lemmon in dem Film **Ein ungleiches Paar** *an der Seite von Walter Matthau spielte. Dieser Felix Unger verstand es, mit traumwandlerischer Sicherheit sich und anderen das Leben zu erschweren. Unterhielt man sich in einer geselligen Runde über die unbeschwerten Dinge des Lebens, über die herrlichen Sonnenstrände Floridas, warf er ein, daß für Chicago Regen gemeldet sei.*

Sie kennen den Unterschied: Für den Pessimisten ist das Glas halb leer, für den Optimisten ist das Glas halb voll. Beide haben recht. Wichtig ist eins: Wenn ich mich positiv einstimmen will, dann sollte ich von der Sonnenseite des Wetters reden und nicht vom möglichen Regen.

Wirkliche Menschen und fiktive Filmfiguren sind nur

unter Vorbehalt vergleichbar, aber die Ähnlichkeiten sprechen oft für sich. Was Felix B. anging, so hatte er wenig Grund, unglücklich zu sein. Seine Ehe war intakt und glücklich, seine Kinder gesund und seine Position im Betrieb gefestigt. Mancher wäre froh über soviel Glück. Aber Felix ***sah*** *vornehmlich die Schattenseiten des Lebens, und er* ***sprach*** *vornehmlich über die Schattenseiten des Lebens. Indem er darüber sprach, verstärkte er seinen Mißmut.*

Für den Erfolg meiner Beratung war es unumgänglich, Felix' anfänglich aufkeimende Trübsal rechtzeitig einzudämmen und ihm die Gelegenheit zu geben, in eine heitere, gelassene Stimmungslage zu wechseln. Wer gedrückt ist, ist belastet, verschlossen und unfähig, Neues anzunehmen. Er muß sich erst öffnen, entspannt, aufnahme- und lernbereit sein, bevor er sein Verhalten dauerhaft ändern kann.

Im Verlaufe unserer Meetings haben wir über die Nachhaltigkeit gesprochen, mit der das Reden über das Unangenehme die eigene Stimmung drückt. Mit gezielten Trainings hat Felix seine Disposition nach und nach aufgeweicht. Heute eröffnet er seine Gespräche, indem er den Blick des anderen auf die angenehmen Dinge des Lebens lenkt. Er empfindet Lebensfreude, kann sich und andere begeistern.

Ich bin begeistert

Heute wissen wir, daß Be*geister*ung nichts mit irgendwelchen *Geistern* zu tun hat, die unser Gemüt befielen. Begeisterung ist eine chemisch-biologische Reaktion. Sie wird von Ereignissen ausgelöst, deren Eintreten unser teils erhofftes, teils unbekanntes Wollen erfüllt. Eine Idee, ein Einfall, aber auch die Zustimmung anderer zu unseren Geistesblitzen, kann uns begeistern und zur Umsetzung unserer Ideen beflügeln.

So unverhofft die Begeisterung auftaucht, so unerwartet

verschwindet sie wieder. Aber sie ist künstlich wiederbelebbar. Diese Erfahrung haben wir alle schon gemacht. Sie auch. Wenn Sie beispielsweise an unbeschwerte Tage Ihrer Kindheit zurückdenken, an ein bestimmtes Ereignis in Ihrem Leben, das Ihnen Hochgefühle beschert hat, an Träume, an Luftschlösser, die Sie einst hatten, dann flammt auch in Ihnen die alte Begeisterung wieder auf, die mit Ihren Träumen und Wünschen einst einherging. Unsere Augen beginnen zu leuchten, und die Wehmut überzieht sie mit einem dünnen feuchten Film.

Begeisterung ist nicht das rechte Wort, um die Intensität und Vielfalt unseres nun durchlebten Gefühlszustandes hinreichend zu beschreiben. In uns regt sich mehr. Wir sind berührt. Wir sind *bewegt.* Das Wort *bewegt* beschreibt treffend, was in uns vorgeht. Ein Gefühl setzt uns in Gang, und wir sind bereit, uns von der Stimmung treiben zu lassen. Wir spüren eine gewaltige Schubkraft. In uns wächst die Zuversicht, eben noch unüberwindlich erscheinende Hindernisse auf einmal meistern zu können.

Viele von uns haben Hemmungen, sich der in ihnen aufkeimenden Begeisterung hinzugeben. Das mag viele Gründe haben. Einer ist der, daß Begeisterung im Ruf steht, der Manipulation und Steuerung anderer Menschen zu dienen; ein anderer, daß wir fürchten, uns im Zustand der Begeisterung zu Entscheidungen hinreißen zu lassen, die wir später bereuen. In beiden Fällen führt die Begeisterung *von uns*, von unserem Willen weg – sei es, daß wir manipuliert, gesteuert werden, oder sei es, daß wir einer Laune der Natur folgen, die mit unserem eigentlichen Wollen nichts gemein hat.

Für die Begeisterung, die unseren Willen *mißachtet*, möchte ich Sie hier nicht erwärmen, *sondern* für die Begeisterung, die unserem Willen *entspringt.* Die Ideale, mit denen Sie Ihren Beruf ergriffen haben, die Visionen, mit denen Sie Ihre Karriere begannen: sie lösen Begeisterung aus, die Ihrem Willen entspringt. Irgendwann im Verlaufe Ihres Berufslebens sind sie in den Unbilden des Alltags untergegangen, und mit ihnen der Elan, den sie gespeist haben. Aber Sie können ihnen neuen Lebensatem einhauchen. Ihr Langzeitgedächtnis hilft Ihnen dabei. Rufen Sie Ihre Ideale und Visionen wieder auf und

verweilen Sie bei ihnen. Indem Sie mit ihnen Zeit verbringen, bauen Sie eine positive Aura auf.
Mit folgender Übung können Sie diese positive Aura verstärken. Denken Sie an Ihre Träume, Wünsche, Ideale, Visionen, und versuchen Sie, den Zustand der Begeisterung, der Sie dabei ergreift, Ihre Gefühle aber nur unzureichend umfaßt, mit Worten zu beschreiben. Sagen Sie: „Ich bin begeistert." Aber sagen Sie es mit anderen Worten. Auf diese Weise werden Sie gewahr, was Ihr Gefühl am besten umschreibt. Was ich hier vorschlage, ist keine Autosuggestion. Es geht nicht darum, daß Sie sich etwas einbilden, das nicht existiert. Es geht um eine Besinnung auf das, was Sie begeistert. Es geht um die Präzisierung Ihrer Gefühlslage. Und es geht um den Aufbau einer positiven Einstimmung auf die Herausforderung, den eigenen Willen kennenzulernen.
„Ich bin *begeistert*" ist eine kleine Übung mit mehreren Effekten. Z. B. bewirkt sie eine aktive Erweiterung des Wortschatzes, kann aber auch den Aufbau einer positiven Stimmung initiieren und fördern.

Ihre Aufgabe lautet: Formulieren Sie den Satz „Ich bin begeistert" um. Ersetzen Sie nur das Wort „begeistert". Wahren Sie den Sinn des Satzes, so gut es geht. Schreiben Sie jeden Vorschlag auf. Vermeiden Sie den Blick auf die Liste der folgenden Seite. Wenn Sie fertig sind, dann vergleichen Sie Ihr Ergebnis mit dem auf der nächsten Seite.

Ich bin ...

....

....

....

....

....

....

Auf dieser Seite finden Sie zahlreiche Alternativen zum Wort begeistert. *Die Liste ist das Ergebnis von zahlreichen Trainingsseminaren, in denen die Teilnehmer die gleiche Aufgabe hatten, vor der Sie eben noch standen. Dies ist das unzensierte Resultat:*

Ich bin ... angeregt, angetan, angetörnt, atemlos, aufgekratzt, aus dem Häuschen, außer mir, bebend, benommen, berauscht, betört, bewegt, bezaubert, dionysisch, eingenommen, enthusiastisch, enthusiasmiert, entzückt, erfüllt, ergriffen, erhitzt, erstaunt, euphorisch, fasziniert, Feuer und Flamme, fiebernd, frenetisch, gebannt, gepackt, glühend, hingerissen, hin und weg, hoch erfreut, hymnisch, im 7. Himmel, in Fahrt, jubilierend, jubelnd, taumelnd, trunken, überdreht, übermächtigt, überwältigt, überzeugt, verrückt danach, verzaubert, verzehrt, verzückt, vibrierend, weg.

Vielleicht sind Ihnen noch ein paar Variationen zu den genannten 50 Alternativen eingefallen. Wenn ja, toll. Schreiben Sie mir.

Positives denken statt positives Denken

Eine andere Methode, die eigene Stimmung zu heben, ist das „Positive denken“. Zu dieser Methode ist einiges Klärende zu bemerken. Beginnen wir dazu mit einigen Erläuterungen zum sogenannten „positiven Denken“. Die Lehre vom „positiven Denken“ hat sehr viele Menschen beeinflußt. Sie hat vielen geholfen, die Welt positiver zu sehen als vorher. Anderen hat sie eher geschadet, vielleicht weil sie mißverstanden wurde oder allzu leichtgläubig für die Lösung aller Probleme gehalten wurde. Mag sein, daß auch manche Prediger des positiven Denkens ihr Scherflein zum unbedarften Lösen schwerwiegender Lebensprobleme und zu Verwirrungen beigetragen haben.

Was ist positiv am Denken?

Der amerikanische Pfarrer Normann Vincent Peale hat das „positive Denken“ populär gemacht. Viele seiner Bücher, z. B.

Die Kunst des positiven Denkens, sind Anleitungen zur Problembewältigung mittels positiver Phantasie und enthalten eine Vielzahl von Beispielen. Die Grundidee des positiven Phantasierens ist einfach und klar. Wenn Probleme zu bewältigen sind, die meine Kräfte zu übersteigen drohen, löst die Vorstellung vom Scheitern Beklemmungen aus, die meinen ohnehin schwachen Antrieb zur Problembewältigung zusätzlich bremsen.

Wenn ich aber nun, statt in Angst und Lähmung zu erstarren, phantasierte, was geschähe, falls es mir gelänge, das Problem zu überwinden, wenn ich in schönsten Farben meinen baldigen Erfolg ausmalte, dann gewänne ich – so Peale – neue Zuversicht und schließlich die Kraft, das Problem zu meistern. Für viele Fälle mag diese Strategie durchaus Erfolg verheißen. Aber sie ist kein Allheilmitel. Es gibt viele Probleme, die wir auch beim besten Willen nicht lösen können. Es wäre geradezu fatal, im Wahn Ziele anzustreben, die für uns unerreichbar sind. Es ist tragisch, wenn Menschen in Überschätzung ihrer Kräfte versagen. Aus diesen Gründen empfehle ich Vorsicht im Umgang mit dem positiven Denken.

NORMANN PEALE, DIE KUNST DES POSITIVEN DENKENS

Wie dem auch sei. Das *positive Denken* als Terminus technicus ist verwirrend. Der Begriff setzt falsche Assoziationen frei. Denken kann nicht positiv sein. Es kann auch nicht negativ sein. Denken ist ein rationaler Prozeß. *Denken ist an sich wertneutral.* Es ist weder weiß noch schwarz, weder heiß noch kalt. Denken kann aber Gemütsbewegungen *auslösen*, sowohl negative wie positive. So manche Redensart bringt das treffend zum Ausdruck: „Mir wird übel, wenn ich nur daran denke“ oder „Ich brauche nur an sie zu denken, und schon bin ich ganz aus dem Häuschen“.

Wir kennen das. Wir denken an einen nervenden Kollegen, und schon beansprucht die Galle unsere Aufmerksamkeit. Oder wir denken an die aufregend hübsche Kundin, und schon flattert uns das Herz. Der Gedanke beeinflußt das Gefühl, aber er selbst fühlt nicht. Für die Gefühle ist nicht der Kopf zuständig, sondern das Herz und die Seele. Die Seele kann trauern, das Herz kann uns bluten, aber der Kopf ist frei von solchen Regungen. Die Sprache spielt uns gelegentlich einen Streich. Dann nehmen wir allzu wörtlich, was nicht so gemeint sein kann.

p*ositives*
D*enken*

P*ositives*
d*enken*

Dann wird aus dem *negativen* Denken („Ich sehe nur schwarz.“) ein positives Denken, sprich Denken durch die rosarote Brille („Ach, wie schön kann doch die Welt sein, wenn man nicht immer an das Schlechte auf der Erde denkt.“). Doch das Schlechte verschwindet nicht, indem wir nur an das Gute denken. Wir müssen das Übel anpacken, und bevor wir das tun können, müssen wir die Zuversicht gewinnen, es erfolgreich tun zu können. Diese Zuversicht können wir erzeugen, wenn wir das *positive Denken* in ein *Positives denken* verwandeln und unsere Fähigkeiten realistisch einschätzen.

Wer frohen Mutes zu Werk gehen will, aber zunächst noch Trübsal bläst, muß als erstes aus dem Tief heraus, in dem seine Seele verweilt. Wenn wir mutlos und griesgrämig sind, wenn wir grübeln, wenn uns nur *Negatives* in den Sinn schießt, dann tun wir gut daran, entschieden an etwas *Positives* zu denken. Erst wenn wir gut gelaunt und erfrischt sind, können wir unser Bestes geben. Deshalb sollten wir die großen Probleme unseres Lebens bis zur Erreichung unserer Bestform in Ruhe lassen. Insofern gilt:

Probleme, die wir nicht lösen können,
sind Probleme, von denen wir uns lösen müssen.

Viele Probleme lassen sich nur lösen, indem wir uns zunächst von *ihnen* lösen; bis zu dem Zeitpunkt, an dem wir wieder in Bestform sind, um das schwere Problem zu bewältigen. Und die Bestform erreichen wir, indem wir dem Positiven in unserem Leben Platz in unserem Kopf einräumen. Denn nur dort kann es, indem es gedacht wird, die Stimmungen auslösen, die wir die ganze Zeit über vermißt haben: die gute Laune und die Zuversicht. Kurz gesagt:

Positives denken löst zwar keine Probleme,
aber es befähigt, Probleme zu lösen.

Komm, erzähl Dir was

Folgende sehr einfache Übung, ***Positives*** *zu* denken, *hilft Ihnen, gute Laune und Zuversicht wiederzuerlangen. Sie ist eine reine Kopfübung. Sie besteht darin, ausschließlich Positives zu denken.*
Schließen Sie die Augen, und lassen Sie Ihrer Phantasie freien Lauf. Erfinden Sie eine Geschichte, ***Ihre*** *Geschichte, ein Erlebnis, das rundherum angenehme Seiten hat. Erzählen Sie sich etwas. Plaudern Sie auf sich ein. Z. B. dieses:*
Sie sitzen gerade an Ihrem Schreibtisch, als Ihre Sekretärin mit einem freundlichen Lächeln zu Ihnen sagt: „Herr Fröhlich, Ihre Frau wartet mit einer angenehmen Überraschung auf Sie."
„Was jetzt, ich muß doch gleich zur Besprechung."
„Nein, Sie müssen nicht. Die Besprechung fällt aus, wie alle Termine in den nächsten 14 Tagen."
„Will man mich hinausschmeißen?"
„Nein, man will Ihnen endlich das geben, was Sie verdient haben: mehr Gehalt, mehr Verantwortung, ein größeres Büro. Und während Sie einen traumhaften Urlaub in der Südsee verbringen, werden wir den Umzug in das neue Büro durchführen. Danach werden Sie alles wie gewohnt vorfinden, nur schöner und größer. Einen schönen Urlaub wünsche ich Ihnen."
„Ja aber mein Auto ist doch noch in der Werkstatt, wie kommen wir da zum Flugplatz? Und ich habe doch noch gar nicht gepackt."
„Ihre Frau hat für alles gesorgt, Ihr Wagen steht repariert zu Hause, und vor dem Büro wartet eine großräumige Limousine darauf, Sie zum Flughafen zu bringen."

Sie schauen aus dem Fenster, sehen das Taxi und Ihre Frau, die Ihnen liebevoll winkt, und denken: „Alles scheint zu stimmen." „Na gut", sagen Sie, „dann fliege ich in die Südsee, da wollte ich schon immer mal hin." Sie schwingen sich in den Aufzug, der Sie, ohne zu stoppen, sanft nach unten befördert. Ein Kollege hält Ihnen die Tür auf. Sie steigen ins Taxi, und ab geht's. Kein Stau, keine roten Ampeln, und auch am Flughafen sind keine Warteschlangen. Das Bodenpersonal ist freundlich und zuvorkommend, das Flugzeug startet auf die Minute genau, und kaum in der Luft, serviert die Stewardeß Ihnen Ihren Lieblingsdrink. Die Zeit vergeht wie im Flug, Sie landen sanft, Ihr Gepäck kommt unversehrt und als erstes auf dem Förderband daher. Sie brauchen nichts zu tragen. Im Nu befördert Sie eine komfortable Taxe zum unmittelbar am Strand gelegenen Hotel. Ihre geräumige Suite hat einen herrlichen Meeresblick. Ihre Frau hat die Koffer schon geöffnet. Sie schnappen Ihre Lieblingsbadehose, die obenauf liegt, und mit ihr um die Lenden springen Sie unter den bewundernden Blicken dreier junger Damen mit einem gekonnten Hechtsprung vom Beckenrand des Pools ins kühlende Naß. Sie spüren, wie das kühle Wasser Ihren Körper umspielt. Sie genießen den langen Moment unter Wasser, lassen sich treiben. Sie tauchen auf, streifen Ihr Haar nach hinten, steigen aus dem Pool und legen sich in einen komfortablen Liegestuhl, der mit einem wohlriechenden Badetuch ausgelegt ist. Die Sonne strahlt auf Ihren Bauch, sie spüren, wie die Wassertropfen an Ihnen runterperlen und auf Ihrer Brust trocknen. Sie fühlen sich sauwohl.

Das Erzählen der Geschichte dauert drei Minuten – drei Minuten, und Sie fühlen sich – pardon – sauwohl. Mag sein, daß Sie nicht gerne schwimmen, daß Sie keine Sonne mögen, Flugzeuge meiden. Wie auch immer. Erzählen Sie sich *Ihre* Geschichte, eine Geschichte, die

Sie wollen; in der alles positiv ist. Sie werden erleben, wie erfrischt Sie anschließend sind.
Ihre Geschichte ist auch geeignet, um das *kleine gehäufte Elend* des Tages zu konterkarieren. Sie kennen das: Der Radiowecker reißt Sie mit einem Lied, das Sie hassen, aus dem Schlaf. Der Verschluß der Zahnpastatube fällt hinter die Personenwaage, und Sie kriegen ihn nur mühsam wieder zu fassen. Beim Frühstück verbrühen Sie Ihre Zunge mit heißem Kaffee, und Ihr Sohn hat mal wieder vor Ihnen den Sportteil der Zeitung erwischt. Der Tag ist gelaufen, bevor er begonnen hat. Mies gelaunt fahren Sie ins Büro. Bevor Sie jetzt mit Ihrem Tagwerk beginnen, sollten Sie jemandem *Ihre Geschichte* gönnen. Und dieser jemand sind Sie.
Es sind oft die kleinen Stolpersteine des Alltags, die, wenn einer zum anderen kommt, ein *gehäuftes Elend* bilden. Das verhaßte Lied ist es nicht allein, auch nicht der Verschluß der Zahnpastatube oder der heiße Kaffee. Es ist das Eintreten all dieser Einzelereignisse in unmittelbarer Folge, welches das Faß zum Überlaufen bringt, uns den Alltag vergrämt. Gezielt *Positives denken* verschließt das Faß und konterkariert das kleine gehäufte Elend mit einem kleinen geträumten Glück.
Das Lächeln, das Positive denken, die wandlungsreich ausgesprochene Begeisterung, die kleine Geschichte: sie alle sind einfache Mittel, mit denen Sie aus einem kleinen seelischen Tief herauskommen. Sie versetzen Sie in gute Laune und damit in die richtige Lage, Ihren Willen zu erkunden. Auf geht's.

3. Was will ich eigentlich?

Sicherlich haben Sie sich die Frage „Was will ich eigentlich?“ schon einmal gestellt, vielleicht mehr als einmal. Und vielleicht ist Ihnen dabei aufgefallen, daß das Wörtchen „eigentlich“ den Inhalt dieser Frage gar nicht beeinflußt. Es vermag lediglich einen gewissen Nachdruck in die Frage zu legen, so wie z. B. das Wörtchen „gar“ im vorangegangenen Satz. Dort hebt „gar“ nur die fehlende Beeinflussung des Inhalts nachhaltig hervor. Ich hätte den selben Sachverhalt auch ohne das Wörtchen „gar“ vollkommen korrekt wiedergegeben. Wörter wie „eigentlich“, „wesentlich“ usw. haben in den 50er Jahren Einzug in unsere Sprache gehalten. Die Philosophie, insbesondere die des *Martin Heidegger*, hat diese Entwicklung begünstigt. „Eigentlich“ und „wesentlich“ u. v. a. Begriffe werden seitdem inflationär verwendet, wurden Floskeln ohne Bedeutung.
Im Zusammenhang mit unserer Frage ist das anders, jedenfalls dann, wenn wir das Wort „eigentlich“ beim Wort nehmen. Denn in „eigentlich“ steckt „eigen“. Indem wir fragen, was wir „eigentlich“ wollen, deuten wir an, daß wir uns nach den Anteilen unseres Willens fragen, die uns ursprünglich *eigen* sind. Es geht dabei nicht um jene Ziele, die wir von Freunden, Bekannten, Vorgesetzten u. a. übernommen und in unseren Willen aufgenommen haben, um diesen zu gefallen oder um ihnen etwas zu geben, von dem wir vermuten, daß sie es von uns erwarten. Die Frage „Was will ich eigentlich?“ fragt mich nach meinen ursprünglichen, unverfälschten Zielen, nach den Zielen, die mich zu einem unverwechselbaren Individuum unter sechs Milliarden Menschen machen.
So viele Menschen es auch immer geben mag; wir alle sind einmalig, wir haben eine einmalige Geburt, einen einmaligen Körper, einen einmaligen Geist, eine einmalige Seele, ein einmaliges Leben. Mithin ist auch unser Wille, geprägt von unseren einmaligen biologischen und übrigen individualhistorischen Daten, *einmalig*. Um ihn unverfälscht zu erkennen, ist es notwendig, während des Erkenntnisprozesses alle potentiell verfremdenden Einflüsse fernzuhalten. Zeitdruck kann ein solcher Einfluß

sein, sowie jede andere Form von Druck. Aus diesem Grund bietet Ihnen dieses Kapitel eine Auswahl verschiedener Methoden, fremde Einflüsse auf Abstand zu halten.
Aber letztlich wissen Sie am besten, was Sie in freie, schöpferische Laune versetzen kann. Nutzen Sie Ihr Wissen – und dann, wenn Sie sich entspannt, frisch, stark fühlen, wenn Sie fremde Störungen ausgeschaltet haben, beginnen Sie.
Nehmen Sie ein großes leeres Blatt Papier, legen Sie es auf den Tisch, und schreiben Sie auf, was Sie vom Leben erwarten – nicht von Ihrem Chef, Ihrer Frau, Ihrer Familie, Ihren Freunden, nein, einfach nur das, was Sie vom Leben erwarten. Notieren Sie alles, was Ihnen in den Sinn kommt, frei und ohne Schranken. Schreiben Sie kreuz und quer oder nebeneinander, untereinander – wie es Ihnen gefällt. Das Buch können Sie jetzt weglegen und wieder aufnehmen, wenn Sie fertig sind.
Sie haben Ladehemmung?, Sie wissen nicht genau, was wichtig und was unwichtig ist? Nun, das geht vielen von uns so. Lassen Sie sich davon nicht länger abhalten. Denn alles, was Ihnen einfällt, ist wichtig. Sie sind soweit? Also los!

Sie sind fertig? Gut. Ordnen Sie nun Ihre Erwartungen an das Leben den vier Bereichen zu, die unser Leben maßgeblich prägen: *Familie, Ich, Beruf, Freunde und Freizeit.* Einige Ihrer Erwartungen werden Sie nur einem Lebensbereich zuweisen, andere an mehrere oder gar alle adressieren.
Danach haben Sie die nächsten Wochen viel zu tun. Formulieren Sie konkrete Ziele, orientiert an den Erwartungen, die Sie an Ihre Lebensbereiche stellen. Überprüfen Sie in regelmäßigen Abständen (anfangs jede Woche, dann ansteigend bis alle sechs Wochen), in welchem Maße Sie Ihren Willen durchsetzen konnten. Gelingt es Ihnen, Ihrem Willen nur wenige Taten folgen zu lassen, dann analysieren Sie die Ursachen dieses Sachverhaltes und stellen Sie sie ab.

Noel und das Coca-Cola-Rezept

Thomas W. (41) wollte wissen, was er „eigentlich" wollte. Weil er während des Coachings sehr viel Entspannung erfuhr, begleitete ich ihn während seines Selbsterkenntnisprozesses. Er hat auf die Frage „Was will ich eigentlich?" folgendes geschrieben:

❍ *Liebe,*
❍ *Freundschaft,*
❍ *Harley Davidson,*
❍ *Wärme,*
❍ *meinen Kindern ein guter Vater sein,*
❍ *Macht (nicht zuviel und nicht zuwenig),*
❍ *Widerstand,*
❍ *Erfolg,*
❍ *bei meinem 50. Geburtstag mit Stolz auf mein Leben schauen können,*
❍ *mit meiner Frau alt werden,*
❍ *nie arm sein,*
❍ *nie vor halb sieben aufstehen müssen,*
❍ *mit 80 noch lieben können,*
❍ *einen Apfelbaum pflanzen,*
❍ *einmal vier Wochen in einem Kloster leben,*
❍ *Noel sagen, was am 8. April 1987 in mir vorging,*
❍ *das Rezept von Coca Cola erfahren.*

Das Ergebnis wirkt auf den ersten Blick nicht sehr kohärent. Aber das macht nichts. Es gehört nicht zu den vornehmen Aufgaben unseres Willens, kohärent zu sein. Eine gewisse Sprunghaftigkeit steht ihm recht gut zu Gesicht.
Wie dem auch sei, ich bat Thomas W., seine Erwartungen den vier Bereichen zuzuordnen, die unser Leben maßgeblich bestimmen: ***Familie, Ich, Beruf, Freunde und Freizeit****. Er hatte die Wahl, seine Erwartungen exklusiv an einzelne oder aber an mehrere Bereiche zu adressieren.*
Seine Zuordnung sah folgendermaßen aus:

Familie
❍ *Liebe,*
❍ *Wärme,*

❍ *meinen Kindern ein guter Vater sein,*
❍ *Widerstand,*
❍ *bei meinem 50. Geburtstag mit Stolz auf mein Leben schauen können,*
❍ *mit meiner Frau alt werden,*
❍ *nie arm sein,*
❍ *mit 80 noch lieben können.*

Ich
❍ *bei meinem 50. Geburtstag mit Stolz auf mein Leben schauen können,*
❍ *nie arm sein,*
❍ *mit 80 noch lieben können,*
❍ *einen Apfelbaum pflanzen,*
❍ *einmal vier Wochen in einem Kloster leben,*
❍ *das Rezept von Coca Cola erfahren,*
❍ *Noel sagen, was am 8. April 1987 in mir vorging.*

Beruf
❍ *das Rezept von Coca Cola erfahren,*
❍ *nie vor halb sieben aufstehen müssen,*
❍ *Macht (nicht zuviel und nicht zuwenig),*
❍ *Widerstand,*
❍ *Erfolg,*
❍ *bei meinem 50. Geburtstag mit Stolz auf mein Leben schauen können.*

Freunde und Freizeit
❍ *Freundschaft,*
❍ *Harley Davidson,*
❍ *nie vor halb sieben aufstehen müssen,*
❍ *einen Apfelbaum pflanzen.*
❍ *Noel sagen, was am 8. April 1987 in mir vorging.*

Der wichtigste Schritt lag nun hinter ihm. Thomas W. wußte, was er vom Leben erwartete und an wen er seine Erwartungen zu adressieren hatte. Er machte Pläne, in denen festgelegt war, wann und wie er was zur Erfüllung seiner Erwartungen zu tun gedachte. In Abständen von anfangs drei, später vier bis sechs Wochen trafen wir uns, um zu prüfen, in welchem Maße seine Pläne von Erfolg gekrönt waren. Die ersten Wochen verliefen für Thomas W. enttäuschend. In manchen Lebensbereichen, vor allem in Familie und Freizeit/Freunde, gelang es ihm lange Zeit nur, ca. 40 % seiner Ziele umzusetzen. Seine Enttäuschung zeigte, wie wichtig ihm seine Ziele in diesen Bereichen waren. Mit der Zeit wurde ihm klar, daß er Ziele seines Ichs und seines Berufs mit viel geringerem Aufwand erreichen konnte, als er vermutet hatte.

Im Ich-Bereich hatte er z. B. das Ziel, nie arm zu sein. Er prüfte seine Versicherungen, die seine Risiken so gut absicherten, daß er sich um die Verfolgung dieses Zieles keine weiteren Gedanken zu machen brauchte. Nach einigen fehlgeschlagenen Begegnungsversuchen traf er Noel und erzählte ihm, was am 8. April 1987 in ihm vorgegangen war. Und was den Apfelbaum anging: Seine Frau schenkte ihm einen Pflänzling, dem er umgehend einen Ehrenplatz in seinem Garten verschaffte.

Im Beruf erwartete er aus sportlichem Ehrgeiz Widerstand. Dabei erlag er immer wieder und wieder der Herausforderung, jüngere Kollegen an Output zu übertreffen. Jetzt, da seine Aufmerksamkeit dem Thema „Widerstand" galt, bemerkte er, daß er teilweise für Output sorgte, den zu erstellen gar nicht seine Aufgabe war. Er hatte sich also unnütz mit Arbeit belastet, was u. a. die Schadenfreude seiner Kollegen lange Zeit nährte.

Acht Monate, nachdem Thomas W. seinen Willen erkundet und dessen Verwirklichung angestrebt hatte, hatte er in allen vier Feldern die 100%ige Umsetzung seiner Ziele fast erreicht, sieht man einmal davon ab, daß er noch keine 50 ist und wir auch nicht wissen können, wie sein Leben mit 80 aussehen wird. Ob er die Rezeptur von Coca Cola je erfahren wird, bezweifle ich. Dennoch, heute wirkt Thomas W. entspannter als früher und spricht davon, glücklicher und bestimmter zu leben als je zuvor.

Ich weiß, was ich nicht will

Bei der Offenlegung des eigenen Willens haben manche von uns Ladehemmungen. Fehlende Praxis, aber auch mangelnde Konzentration können unseren Anlauf bremsen. Aber die wahre Ursache liegt meistens tiefer. Sie ist erkenntnistheoretischer Natur. Eine Klient formulierte sie einmal vortrefflich, indem er sagte:

Ich weiß nicht, was ich will.
Ich weiß nur, was ich nicht will.

Diese Aussage bringt es auf den Punkt: Unser Wille ist umfangreicher, als wir erkennen können. Unsere Erkenntnisfähigkeit ist begrenzt. Diesen Sachverhalt erfahren wir Tag für Tag. Wissen Sie, was Sie heute Mittag essen wollen? Gut, und wie steht es mit morgen? Was wollen Sie morgen essen? Und übermorgen? Und was wollen Sie am 20. August 2005 essen?

Wir können die Zukunft nicht vorhersehen. Wir haben bestenfalls eine schwache Ahnung von ihr. Allein deshalb ist es uns unmöglich, umfassend zu wissen, was wir wollen werden. Aber es tritt noch eine weitere Unkenntnis hinzu, nämlich die unseres jetzigen Willens. Sie kennen das: Plötzlich kommt ein alter Freund in Ihr Büro, den Sie lange Zeit aus den Augen verloren hatten. Ihre Freude ist übergroß. Sie sagen alle Termine für die nächsten zwei Stunden ab und plaudern mit Ihrem alten Freund über vergangene Zeiten.

Sie tun das alles, weil Sie die Unterhaltung *jetzt* wollen. In einer anderen Situation könnte der Besuch Ihnen sehr ungelegen sein, der „Überfall" könnte Sie ärgern, so daß Sie das spontane Wiedersehen *nicht* wollten. In diesem Fall ließen Sie den Überraschungsbesuch unter einem Vorwand womöglich abwimmeln.

Obwohl wir eine recht genaue Vorstellung von unserem Willen haben, versteht dieser es doch immer wieder, uns zu verwundern. Obwohl Sie jede Art von Volksmusik meiden, wie der Teufel das Weihwasser, besuchen Sie mit einem wichtigen Kunden auf dessen Wunsch ein Konzert mit Dudelsackmusik und sind plötzlich wie verwandelt. Sie sind hellauf begeistert und ob Ihrer bisherigen Vorbehalte gegen Volksmusik vollkommen ratlos. Ihr

Wille hat etwas anderes gewollt, als Sie ihm prophezeit hätten.
Wie ist die scheinbare Eigenständigkeit des Willens zu erklären? Kann der Wille plötzlich seinen Kurs ändern? Ist die plötzliche Begeisterung über die Dudelsackbläser ein Ausreißer? Oder ist es tatsächlich so, daß wir unseren Willen nur unzureichend kennen?
Vieles, das der Erkenntnislehre entstammt, spricht für letzteres. Und wenn Ihnen die Angabe Ihres Willens schwerfallen sollte, dann schlagen Sie den entgegengerichteten Weg ein. Notieren Sie, was Sie nicht wollen. Auf diese Weise kommen Sie Ihrem Willen bzw. dem, was Sie wollen können, Schritt für Schritt näher.

Der Wille als Musterknabe

Die Erkenntnistheorie – auch Epistemologie genannt – ist eine der klassischen Abteilungen der Philosophie. Sie fragt nach der Möglichkeit menschlicher Erkenntnis und sucht Kriterien, mit denen über die Wahrheit einer Aussage entschieden werden kann. Der Philosoph Karl Popper (1902-1995) war der Meinung, es sei Menschen unmöglich, die Wahrheit einer Aussage bestimmen zu können. Man sei zwar oft gewiß, im Besitz der Wahrheit zu sein, aber die Gewißheit sei eine psychologische Kategorie und kein Wahrheitskriterium. Popper machte logische Gründe für seine These geltend und gewann mit seiner Auffassung, das Wissen sei prinzipiell fehlbar (fallibel), viele Anhänger. Er meinte ferner, das prinzipiell fallible Wissen des Menschen sei zu mehr als 99,9 % ein biologisches Wissen, das unser Körper und unser Geist ohne Reflexion besäßen.
Poppers Vorstellung hilft uns, die beschränkte Kenntnis unseres Willens einordnen zu können. Ein Großteil unseres Willens gehört zu jenen 99,9 % des biologischen Wissens. Der Wille braucht für seine Entschlüsse unsere Reflexion weitaus seltener, als wir gemeinhin vermuten. Diese These gewinnt große Plausibilität, wenn wir an Handgriffe des täglichen Lebens denken: die Aktentasche erfas-

sen, die Jacke auf- oder zuknöpfen, eine Tasse Kaffee trinken usw. Reflektieren Sie vor diesen Handlungen, wie Sie dieselben ausführen werden? Wohl kaum. Der Griff nach der Aktentasche, das An- und Ausziehen des Jacketts, das Genießen des Kaffees sind routinisiert.

Obwohl wir jedes Mal in einem anderen Winkel zu unserer Kaffeetasse stehen, greifen wir zielsicher zu, müssen nicht überlegen, ob wir den Oberkörper zunächst mit einer leichten Drehung um 34,3 % nach rechts und einer Beugung von 22,7 % nach vorne zu bewegen haben. Wir brauchen auch nicht bewußt zu entscheiden, ab wann wir den Arm vom Körper wegstrecken müssen und ab wann und in welchem Maße wir die rechte Hand öffnen werden, um sie alsbald fest zu umschließen.

Mit Poppers Erkenntnistheorie können wir erklären, warum wir unseren Willen (oft) verkennen: wir kennen ihn zu wenig. Aber warum wissen wir dann so genau (oder glauben so genau zu wissen), was wir nicht wollen? Die Antwort auf diese Frage gewinnen wir aus der Erkenntnislehre eines Freundes von Karl Popper: Friedrich August von Hayek.

Friedrich August von Hayek (1899-1992) nannte unseren Erkenntnisapparat eine Sinnesordnung. Diese Sinnesordnung haben wir als ein System mit unzähligen Kategorien zu verstehen. Wenn wir sehen, wie ein roter Luftballon durch die Lüfte fliegt, dann reagieren sehr viele Kategorien gleichzeitig auf dieses Ereignis, z. B. die Kategorien „rund", „rot", „leichter als Luft", „fliegt". Die Kombination all dieser Kategorien ergibt ein Muster, das uns aufgrund unserer Erfahrung und phylogenetischen (stammesgeschichtlichen) Prägung sagt, wie wir das Objekt zu interpretieren haben. Objekte, die keine unserer Kategorien ansprechen, verfehlen unsere Aufmerksamkeit, wie z. B. der Pfiff aus einer Hundepfeife. D. h., unser Kategoriensystem ist begrenzt. Diese Beschränkung führt gelegentlich auch zu Fehlinterpretationen. So können wir z. B. ein Vogelzwitschern aus einem unsichtbaren Lautsprecher irrtümlich als Hinweis für einen nahen Vogel deuten. In diesem Fall ist unser Erkenntnisraster nicht fein genug, zwischen Kunst und Natur zu trennen.

Wir können die Erkenntnis unseres Willens analog deuten. Eine Idee, ein Einfall: sie können versuchen, dem Muster unseres Willens zu entsprechen, aber wenn sie an dem einen oder anderen Teil des Musters scheitern, registrieren wir umgehend, daß wir sie nicht wollen.

„Laß uns verstecken spielen!" „Nein, das ist langweilig!" „Dann laß uns Papa und Mama spielen!" „Nein, das ist blöd!" „Dann laß uns Fußball spielen!" „Au ja, ich hole einen Ball." Das Prinzip, den Willen des anderen zu treffen, das unsere Kindheit prägte, dominiert auch heute noch unser strategisches Verhalten. An die Stelle kindlicher Versuche ist das professionelle Ringen um den Willen des Kunden, Vorgesetzten oder Mitarbeiters getreten. Und dort hilft uns meistens nur die Einsicht:

Ich weiß nicht, was er will.
Aber ich weiß, was er nicht will.

Diese Einsicht ist für die Erkenntnis des eigenen Willens von großer Bedeutung, wie uns ein letzter Blick auf Hayeks Epistemologie lehren kann.

Hayek zieht zwischen dem Erkennen und dem Vorhersagen eine Parallele. Wir können nicht die Wirklichkeit als solche, sondern nur Muster der Wirklichkeit erkennen. Also können wir auch nicht die Wirklichkeit als solche, sondern nur Muster der Wirklichkeit vorhersagen. Im Hinblick auf das, was wir wollen bzw. wollen werden, können wir Mustervorhersagen treffen. Wir können angeben, welche Kriterien ein Zustand erfüllen muß, damit wir ihn wollen können. In diesem Sinne können wir mit Fug und Recht sagen, daß unser Wille, soweit wir ihn erkennen und vorhersagen können, ein „Muster-Wille" ist.

Wenn wir unseren Arbeitsalltag nach Beispielen durchforsten, dann gewinnen wir den Eindruck, daß wir genau so vorgehen, wie es Hayek beschreibt: Wir setzen Stellenanzeigen auf, in denen wir die Kriterien auflisten, die unser Wunschapplikant erfüllen muß, um unserem Willen zu genügen. Verstößt ein Kandidat gegen die eine oder andere unserer Wunschvorstellungen, dann wollen wir ihn nicht.

Ähnliches gilt für Pläne und Konzeptionen. Wir wissen, welchen Kriterien ein neuer Stellen- oder Finanzplan zu genügen hat, um von uns gewollt zu werden. Verfehlt ein Vorschlag eine oder mehrere dieser Kriterien, dann erfüllt er nicht unseren Willen. Folglich lehnen wir ihn ab.

Ob für den neuen Mitarbeiter oder den neuen Stellenplan: für beide gilt dasselbe. Wir können die Wirklichkeit nicht genau vorhersagen. Wir können bei der Abfassung des Anforderungskatalogs nicht prognostizieren, wer der neue Kollege sein wird. Und wir können bei der Zusammenstellung unserer Wünsche unmöglich weissagen, wie der Stellen- oder Finanzplan aussehen wird, zu dem wir uns später entschließen werden. Unsere Kriterien reichen nur aus, das Muster der Zukunft umreißen zu können. Oder umgekehrt: Unsere Kriterien genügen für die Vorhersage, wie die Zukunft nicht aussehen darf, um mit unserem Willen vereinbar zu sein.
KARL POPPER, OBJEKTIVE ERKENNTNIS, HAMBURG 1973; FRIEDRICH AUGUST VON HAYEK, THE SENSORY ORDER, CHICAGO 1952; HARDY BOUILLON, ORDNUNG, EVOLUTION UND ERKENNTNIS., TÜBINGEN: MOHR (PAUL SIEBECK) 1991

Wer seinen Willen nicht stante pede zu nennen weiß, mag vielen als unentschieden erscheinen. Streng genommen, ist er das auch. Aber solange ich weiß, was ich *nicht* will, muß meine Unentschiedenheit kein Manko sein. Im Gegenteil. Sie kann mir zur Anpassung an die Wirklichkeit verhelfen, an der Entschlossene mit starrem Willen nur scheitern können.
Wer mit der fixen Vorstellung lebt, nur als Abteilungsleiter seinem Willen gerecht zu werden, trägt ein hohes Lebensrisiko. Verfehlt er sein berufliches Ziel, wird er sich als gescheitert betrachten. Suizidgedanken und Alkoholmißbrauch sind häufige Folgeerscheinungen. Wer aber der Frage nachgeht, welche Kriterien einen Abteilungsleiter auszeichnen, und vor dem Hintergrund seiner Antwort (z. B. Verantwortung, Macht, Kraft, Vision, Kompetenz etc.) alle möglichen Berufe und Positionen danach untersucht, ob und in welchem Maße sie diese Kriterien erfüllen, dem wird eine Vielzahl von Alternativen in den Sinn schießen. Er wird erkennen, daß er sein Glück auf vielen Wegen machen kann.
Tragisch ist, wenn wir ohne Not nur einen Weg als Lösung sehen. Wir verbauen uns dann ungewollt viele Chancen zu unserem Glück, erschweren uns und anderen das Leben. Da ist der alte Chef, der immer will, daß getan wird, was er will; der nie die Vorschläge seiner Mitarbeiter einholt und unter jenen auswählt, die mit seinem Wil-

len kompatibel sind; der ohne Not Gefahr läuft, mit seiner Idee nur die zweit- oder drittbeste Idee zu haben, die seinen Wünschen und dem Unternehmen gerecht wird.
Und da ist der neue Chef, der erkennt, daß er seine Mitarbeiter motivieren kann, wenn er sie zur Entwicklung eigener Ideen ermutigt; der die Vorstellungen seiner Mitarbeiter berücksichtigt, sofern sie mit seinem Willen, seinen Visionen in Einklang zu bringen sind; der sich damit neue Freiräume schafft; der den Wettbewerb der Ideen zuläßt, die effizienteste unter allen Lösungen wählt und damit seinem Unternehmen den größten Gefallen erweist. Dieser neue Chef sind Sie. Oder etwa nicht?

Ich will so bleiben, wie ich bin

Viele Menschen machen während der Erkundung ihres Willens eine Entdeckung. Sie bemerken, daß ein Teil dessen, was Sie wollen, ihrem Typ oder ihren Möglichkeiten entgegensteht. Der kleine Junge, der seine Mutter heiraten will, das 60 Kilo-Hemd, das Mike Tyson auf die Bretter schicken will, der Ersatzspieler eines Zweitligavereins, der noch mit 30 Jahren an seine Berufung ins Nationalteam glaubt. Wer verkennt, daß er nur wollen soll, was er verwirklichen kann, ist eine tragische Figur.
Bevor Sie Ihrem Willen Taten folgen lassen, sollten Sie wissen, wie Sie sind. Dieses Kapitel wäre unvollständig, wenn ihm ein Abschnitt über das Wesen des Menschen fehlte.
„Ich denke, also bin ich." Wer kennt ihn nicht, den Satz von René Descartes. Er ist uns mehrfach im Leben begegnet. Als Schüler haben wir ihn auf der Toilette unserer Schule gelesen, und später ist er uns immer wieder in U-Bahn-Stationen und in Unterführungen untergekommen, gelegentlich auch verballhornt: „Ich denke nicht, also bin ich nicht." Doch so einfach können wir uns vor dem Leben nicht verstecken, und das wollen wir auch nicht. Wir haben die Gewißheit unserer Existenz und stellen uns ihr. „Ich bin." Punktum. Und wenn wir Descartes' Merksatz schon verkehren, dann doch so: „Ich bin, also denke ich darüber nach, wie ich bin."

Ich denke, also bin ich

Der französische Philosoph René Descartes (1596-1650) prägte den Satz: „Ich denke, also bin ich." Beim Hören des Satzes kommt dem einen das französische *Je pense, donc je suis* in den Sinn, dem anderen das lateinische *Cogito, ergo sum*. Egal wie, Descartes verstand seinen Satz als Basis aller Gewißheit. Die Sinne mögen mich trügen, aber die innere Wahrnehmung des Denkens, das Bewußtsein, kann ich nicht leugnen. Daher muß ich annehmen, daß ich existiere. Descartes, der auch Mathematiker war, leitete in logisch strenger Weise von seiner Grundannahme alle weiteren philosophischen Einsichten ab. Wir dürfen allerdings nicht verkennen, daß Gewißheit kein Garant für Wahrheit ist. Auch wenn ich mit Gewißheit behaupte, ein UFO gesehen zu haben, wird niemand meine Beteuerung als Beweis für die Existenz eines außerirdischen Raumschiffs akzeptieren. Insofern sind Descartes' *Meditationen über die erste Philosophie* zwar von einer berückenden geistigen Architektur, stehen aber auf einem sehr wackeligen Fundament.

RENÉ DESCARTES, MEDITATIONES DE PRIMA PHILOSOPHIA, HAMBURG, MEINER VERLAG

Darum geht es. Denken Sie nicht darüber nach, *ob* Sie sind, sondern darüber, *wie* Sie sind. Wenn Sie Ihr Leben ändern wollen, wenn Sie mehr Erfolg haben wollen, aber auch wenn Sie eine andere Motivation verspüren, dann sollten Sie genügend Zeit für eine Bestandsaufnahme verwenden. Erst wenn Sie ein ausreichend scharfes Selbstbild haben, können Sie erkennen, welchen Teil Ihres Willens Sie umsetzen sollten, wo Sie mit dem Ändern sinnvollerweise anfangen sollten.

Wenn Sie aber ein scharfes Bild Ihrer Persönlichkeit zeichnen wollen, müssen Sie sich auf ein individuelles Verfahren einlassen. Ich empfehle Ihnen, einen geschulten Berater oder Coach zu Rate zu ziehen. Bei der Auswahl vertrauen Sie am besten auf persönliche Empfehlungen. Es ist wichtig, daß Sie Ihrem Berater oder Coach vertrauen, daß Sie offen mit ihm reden können. Sonst erhalten Sie nur ein Zerrbild Ihrer Persönlichkeit, das ohne Nutzen ist.

Berater und Coaches haben unterschiedliche Methoden,

ein Persönlichkeitsbild zu zeichnen. Stellen Sie von Anfang an klar, wie Sie gemeinsam vorgehen wollen. Fünf bis sechs gemeinsame Meetings à zwei Stunden genügen in den meisten Fällen. Seien Sie skeptisch, wenn Ihr Berater vorgibt, mehr Zeit zu brauchen. Es kann sein, daß er Sie umfangreicher beraten will, als Sie wollen. Fragen Sie ihn ausführlich nach dem Warum. Kann er Ihre Frage nicht zu Ihrer Zufriedenheit beantworten, dann probieren Sie es bei einem anderen.
Ein guter Coach weiß, wie er Sie bei der Entwicklung Ihres Persönlichkeitsbildes zu begleiten hat. Wenn Sie sich noch nie mit einem Berater oder Coach eingelassen haben, dann lesen Sie das folgende repräsentative Beispiel aus meiner Praxis. Sicher hilft es Ihnen, ein Bild über den Verlauf und das Ergebnis eines Persönlichkeitsbildes zu gewinnen.

Wie mutig ist ein Prinz?

Hans (42) ist Geschäftsführer eines mittelständischen Betriebes. Er ist verheiratet, hat zwei Töchter und einen großen Freundes- und Bekanntenkreis. Es fehlt ihm nach eigenem Bekunden an nichts. Vor kurzem hatte er ein Schlüsselerlebnis. Er las seiner Jüngsten eine Gute-Nacht-Geschichte vor, in der ein Prinz eine Prinzessin rettet. Auf die Frage seiner Tochter, warum der Prinz die Prinzessin gerettet habe, antwortete er, der Prinz sei mutig gewesen. Die anschließende Frage, ob er auch so mutig sei wie der Prinz, habe ihn aus einem ihm unerklärlichen Grund in Verlegenheit gebracht. Sie habe ein ernsthaftes Nachdenken über seine Person und deren wesentliche Eigenschaften ausgelöst.
Hans schildert im ersten Gespräch ausführlich seine derzeitige Situation. Nach einigen Informationsfragen von meiner Seite habe ich ein zunächst hinreichendes Bild seiner Lage.
Dann lade ich ihn zu einer Gedankenreise ein, in der Hans mit sieben anderen Touristen zu einem Abenteuerausflug aufbricht. Das Charterflugzeug, das sie zu ihrem Camp bringen soll, muß mitten in der Wildnis Alaskas notlanden. Einer der Passagiere wird dabei

ernsthaft verletzt. Da der Funkverkehr abbricht und das Wetter seine Kapriolen schlägt, müssen die Notgelandeten mindestens eine Woche auf Hilfe warten. Für den Verletzten käme die Hilfe dann vielleicht zu spät. Mit dem Schlauchboot an Bord der Maschine könnte die nächste Rangerstation in drei Tagen erreicht werden. Doch der Fluß dorthin hat schweres Wasser und könnte den Tod für alle bedeuten. Der Proviant reicht für fünf Tage. Er muß rationiert werden. Es gibt Bären und nur ein Gewehr.

Zwei Passagiere wollen die Fahrt mit dem Boot wagen, um den Verletzten zu retten. Sie brauchen noch einen weiteren Mann. Alleine schaffen sie es nicht. Hans soll nun entscheiden, welche Rolle er vorziehen würde. Wagte er die Fahrt über den Fluß, übernähme er die Rationierung des Proviantes, nähme er das Gewehr an sich oder hielte er sich bei alledem zurück?

Hans erklärte, er übernähme die Verteilung des Proviantes.

Auf die Frage, welche persönlichen Charaktermerkmale ihn zu dieser Wahl führten, antwortet er mit „Umsichtigkeit, Gerechtigkeitssinn und natürliche Autorität aufgrund seiner Größe.“ (Hans ist 1,92 Meter und kräftig.) Hans hält sich auch für risikoscheu, weshalb er die Bootsfahrt von vornherein ausschließt.

Die nächsten Meetings galten der Frage, in welchem Umfang Hans die genannten Eigenschaften im Beruf, in der Familie, unter Freunden und in der Freizeit einsetzen kann. Um es abzukürzen: das wichtigste Ergebnis war, daß Hans erkannte, was Umsichtigkeit, Gerechtigkeitssinn, natürliche Autorität und Risikoscheu in seinem Leben bewirkten. Er erkannte auch, daß er seine Talente teilweise falsch einsetzte, und zwar sowohl im Beruf als auch im Privatleben. Einerseits verhalfen ihm seine Umsichtigkeit und seine natürliche Autorität zu einer erfolgreichen Geschäftsführertätigkeit. Andererseits konterkarierte er diesen Erfolg durch einen überzogenen Gerechtigkeitssinn. Hans verwechselte Nachgiebigkeit mit Gerechtigkeit und ließ sich dabei oft, ohne es zu erkennen, im Beruf, aber auch im Alltag, ausnutzen. Seine natürliche Autorität verschaffte ihm bei seinen Mitarbeitern zwar gehörigen Respekt, minderte aber deren Motivation zu Widerspruch, auch dann, wenn dieser angebracht gewesen wäre. Seine Risikoscheu hielt er für einen Mangel und versuchte ihn mit waghalsigen Eskapaden (Fallschirmspringen) zu kaschieren, was ihn buchstäblich fast zu Fall gebracht hätte.

Nachdem Hans erkannt hatte, wie er ist, entschloß er sich, seine Umsichtigkeit zu wahren, seinen Gerechtigkeitssinn von falsch verstandener Nachgiebigkeit zu befreien, seine natürliche Autorität durch betont partnerschaftliches Entgegenkommen von deren motivationshemmender Wirkung zu bereinigen und als verantwortlicher Familienvater und Geschäftsführer eines mittelständischen Unternehmens zu seiner Risikoscheu zu stehen.

Dies ist ihm mittlerweile weitgehend gelungen. Wir haben uns sechs Mal im Abstand von jeweils sechs bis acht Wochen getroffen. Die Meetings dauerten zwischen anderthalb und zweieinhalb Stunden. Hans nahm auch an einigen Trainings teil. Einige davon habe ich veranstaltet, andere wurden von anderen Trainern abgehalten. Ich riet ihm dazu, sich dem Feedback mehrerer Trainer und Teilnehmer zu stellen. In seinem wie auch in anderen Fällen habe ich mit diesem Rat gute Erfahrungen gemacht. Wer längere Zeit Rat sucht, sollte mehrere Berater oder Coaches konsultieren. Das verringert die Gefahr der Abhängigkeit und erhöht die Chance, mehr über die eigene Komplexität zu erfahren. Die Trainings nutzte Hans unter anderem, um bestimmte Problemlösungstechniken zu trainieren. Im Hinblick auf die Formung seines „Selbstverständnisses" waren für ihn allerdings nur die ersten drei entscheidend. Summa summarum hatte Hans im Verlauf von ein bis zwei Jahren anderthalb Tage intensives Einzelcoaching und dreimal zwei Trainingstage genutzt, um über sich klar zu werden. Heute bin ich ihm sporadisch Sparringspartner in der einen oder anderen Entscheidungssituation.

Selbstverständlich können Sie Ihr Persönlichkeitsbild auch ohne fremde Anleitung zeichnen. Aber ich will Ihnen nicht die Zähigkeit und geringfügige Ergiebigkeit eines solchen Unterfangens verhehlen. Was Ihnen dabei fehlt, ist der Sparringspartner. Der Coch erfüllt diese Aufgabe. Ein Freund, ein guter Bekannter kann ebenfalls ein Sparringspartner sein, aber er besitzt selten die Unvoreingenommenheit und noch seltener die Fähigkeit, zielgerichtete Fragen zu stellen und Quellen störender Emotionen fernzuhalten.

B

Ich sage, was ich will

Was bringt mir der partnerschaftliche Dialog? Die Frage ist durchaus berechtigt, und die Antwort fällt umfangreich aus. Dieses Kapitel nennt die wesentlichen Charakteristiken und Vorteile des partnerschaftlichen Dialogs. Beginnen wir mit der sogenannten nonverbalen Kommunikation, der Sprache ohne Worte.

Wir kommunizieren mehr ohne Worte als mit Worten. Wenn wir mit fremden Personen im Aufzug stehen und flüchtige Blicke wechseln, dann „sagen" wir einander sehr viel. Wir können stumm sein und trotzdem imponieren, kokettieren, flirten, höflich oder rücksichtslos wirken, Sympathie oder Abneigung ausstrahlen, Nachdenklichkeit simulieren oder Kontaktfreudigkeit signalisieren usw. Wir grüßen mimisch und gestisch, ohne auch nur ein Wort zu verlieren: ein Zucken der Augenbraue, ein Heben des Kopfes, ein Winken der Hand genügen.

Mimik und Gestik sind älter als Sprache. Sie sind vergleichsweise früh in der Entwicklung des Menschen aufgetreten. Sie sind uns so vertraut, daß wir sie nicht ignorieren können. Das gilt auch für den partnerschaftlichen Dialog. Wir empfinden eine Unterhaltung nur dann als Gespräch unter Partnern, wenn neben der verbalen Kommunikation auch die nonverbale Kommunikation eindeutige Signale einer Unterredung unter Gleichen vermittelt.

Wenn Ihr Chef sagt „Das werden wir schon schaffen" und Ihnen dabei seine Hand väterlich auf die Schulter

legt, dann sagt er auch: „... Sie müssen nur hart genug arbeiten.“ Wenn er Ihnen aber von der Seite freundschaftlich auf den Rücken klopft, dann sagt er damit: „Wir müssen beide nur hart genug arbeiten.“
Zeichen und Gesten können eine Aussage bekräftigen, konterkarieren oder ergänzen.

1. Ohne Worte

Unser Körper ist vielsagend. Wie wir stehen, sitzen, die Arme halten, die Beine spreizen oder kreuzen: all das sagt sehr viel über unseren Gemütszustand aus. Die Körpersprache können Sie in jedem Kommunikationsseminar erlernen. Die Literatur ist Legion. Allen Publikationen ist gemeinsam, daß sie die Wirkung der Mimik, Gestik und Körperhaltung beschreiben. Wenn wir einen partnerschaftlichen Dialog führen wollen, dann ist für uns eine Regel von grundlegender Bedeutung. Sie sagt uns:

Gib dem anderen das Gefühl,
gleichberechtigter Gesprächspartner zu sein.

Unsere Körpersprache hilft uns, dieser Regel zu folgen. Wenn wir jemanden zum Gespräch in unser Büro bitten, dann setzen wir uns gemeinsam an einen runden Tisch und sitzen auf gleich guten Stühle. Wir verzichten absichtlich auf die Symbolik der Macht, die da sagt: Der Boß räkelt sich selbstgefällig im Chefsessel, sein Schreibtisch schirmt ihn ab, und der Untergebene sitzt huldvoll vor ihm wie ein Opferlamm auf dem Altar.
Wie vielsagend und gleichzeitig eindeutig die Machtsymbole in einem Arbeitszimmer verteilt sein können, brauche ich nicht auszuführen. Denken Sie nur an Charlie Chaplins Film *Der Diktator*, und Sie wissen, was ich meine.
Macht spielt im Arbeitsalltag eine große Rolle. Die dazugehörigen Machtspiele sind alt, nur die Spieler sind neu. Das „Ansehen" der Machthaber ist wörtlich zu nehmen. Schon bei den Primaten galt, daß der Ranghöchste am häufigsten angesehen wurde. Der Anführer einer Gruppe wußte um seine Rolle. Er vermied, rangniederen Mitgliedern mit seinen Blicken „Ansehen" zu verschaffen. Indem er sie ignorierte, gab er ihnen zu verstehen, wie wenig er auf sie angewiesen war und wie gering er die Gefahr einschätzte, von ihnen gestürzt zu werden.

Analog verhalten wir uns heute. Warum schauen Politiker in der Öffentlichkeit gerne in die Kamera? Weil Sie Ihre Schokoladenseite zeigen wollen. Aber auch, weil sie vermeiden wollen, beim Ansehen eines Kollegen abgelichtet zu werden. Für das Ansehen ist es förderlich, von anderen angesehen zu werden, und abträglich, andere anzusehen. „Der wird noch nicht einmal ignoriert", sagte man im alten Wien.
Wir verwenden viele Machtsymbole, ohne deren Einsatz notwendigerweise zu wollen. Wir lassen Telefonate von der Sekretärin herstellen. Das erspart uns überflüssige und zeitraubende Anrufversuche. Kommt der Anruf zustande, dann ist es der andere, der warten muß, bis er mit uns verbunden ist. Wer wartet, hat die schwächere Position, nämlich die des Bittstellers. Viele nutzen diesen Sachverhalt, um Kunden oder Kollegen „weichzukochen". Feste Kundenbindung und loyale Mitarbeit sind anders zu gewinnen: mit Respekt vor der Würde des anderen. Mußte der andere auf mich warten, dann bitte ich ihn um Entschuldigung und mache meinen Fehler wieder gut. Eine Geste reicht dabei oft aus.

Die Haltung bewahren

Meine Bereitschaft zum partnerschaftlichen Dialog kann ich durch meine Körperhaltung zum Ausdruck bringen. Hier die wichtigsten Faustregeln in aller Kürze.

Stehen oder sitzen Sie fest und ruhig (Beine etwa hüftbreit). Egal ob Sie stehen oder sitzen: vermeiden Sie lässige wie steife Körperhaltungen. Lässigkeit signalisiert Desinteresse oder Geringschätzung, Steifheit vermittelt Unterwürfigkeit (Strammstehen) oder Überforderung.

Stehen (sitzen) Sie ohne „Stütze". Gewinnen Sie Ihre Haltung aus der natürlichen Körperspannung. Betontes Anlehnen ist ein Anzeichen überzogener Lässigkeit. Festhalten suggeriert Ihrem Gegenüber Unsicherheit und Unselbständigkeit („Ich brauche Halt.")

Wenden Sie sich dem anderen zu. Die Abkehr vom anderen und herablassendes, „musterndes" Betrachten signalisieren mangelndes Interesse am Dialog. Widmen Sie dem anderen Ihre

volle Aufmerksamkeit. So vermitteln Sie ihm das Gefühl, ernstgenommen zu werden.
Suchen Sie den offenen Blickkontakt. Wer den Blick seines Gesprächspartners sucht, gibt Interesse zu erkennen. Wer aber unentwegt den anderen mit Blicken „festnagelt“, löst Beklemmungen aus. Es gilt: Wer spricht, verdient Ansehen. Und wer angesehen wird, sollte wortwörtlich „Rücksicht“ nehmen. Erwidern Sie den Augenkontakt des anderen. Wenn Sie ihm ausweichen, mutmaßt der andere, Sie hätten etwas zu verbergen, seien unsicher oder hätten einen Dünkel.
Wählen Sie freundliche Gesichter. Wenn Sie in einer Gruppe kommunizieren, dann ziehen Sie Wohlwollen bekundende Gesichter anderen Mienen vor. Sie sind der Redner. Ihnen gebührt das Ansehen. Meiden Sie eine „Machtprobe“ durch Blicke. Es raubt Ihnen Kraft und Konzentration.
Wählen Sie den Blickkontakt im Rhythmus Ihrer Sprache. Der Blickkontakt zum Gesprächspartner wird durch das Gespräch bestimmt. Schauen Sie denjenigen an, der spricht. Und schauen Sie Ihren Hörer an, wenn Sie mit ihm reden. Wenn Sie mehrere Hörer haben, dann schauen Sie alle abwechselnd an, und zwar im Rhythmus Ihrer Sprache. Verteilen Sie Ihre Blicke nach den Sinneinheiten Ihrer Botschaft.

Sag bloß!

Auch die Art und Weise, wie wir miteinander sprechen, ist voller nonverbaler Kommunikationsmomente. Wenn ich unentwegt rede, den anderen nicht zu Wort kommen lasse oder ihn laufend unterbreche, signalisiere ich, daß ich meine Botschaften seinen vorziehe, die Vorherrschaft im Gespräch beanspruche und seine Gleichberechtigung im Dialog leugne.

All dem können wir vorbeugen, indem wir das, was wir zu sagen haben, hörerfreundlich strukturieren. Dabei hilft uns die Erkenntnis, daß Botschaften, vor allem, wenn sie mehrere Sätze beanspruchen, Anfang, Mittelteil und Schluß haben, die jeweils unterschiedlichen Zielen dienen.
Der Anfang hat Warm-up-Funktion. Er enthält keine Sachinformationen. Die Phase des Anfangs endet,

sobald der Zuhörer ausreichend „aufgewärmt“ ist. Der Mittelteil enthält alle inhaltlichen Aussagen einer Botschaft. Das Ende einer Mitteilung wird oft vernachlässigt, ist aber für die Botschaft äußerst wichtig. Hier wird entschieden, was der Zuhörer an Informationen und Empfindungen mitnimmt.

Indem ich dem Gesprächspartner meine Botschaft gut verdaulich aufbereitet habe, gebe ich ihm das Gefühl, daß ich ihn schätze. Das Warm-up sagt ihm: „Ich sorge dafür, daß Du entspannt ankommst. Du bist mir wichtig. Ich beginne erst, wenn Du hier bist.“ Der Mittelteil läßt ihn wissen: „Das sage ich *Dir*, weil Du in meinen Augen ein ernsthafter Gesprächspartner bist.“ Und die Zusammenfassung suggeriert: „Mir liegt daran, daß Du mit meiner Botschaft viel anfangen kannst. Deshalb fasse ich noch einmal zusammen.“

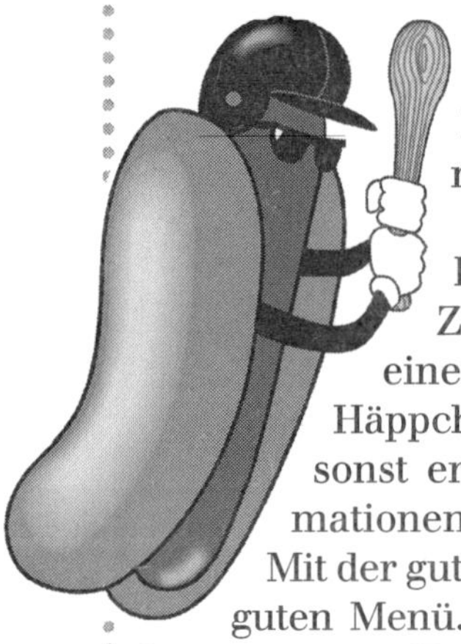

Viele Sätze sind zu lang. Wenn ich viele Informationen vermitteln will, darf ich den Zuhörer nicht überfordern. Deshalb ist es wichtig, immer nur kleine Informationshäppchen zu reichen. Nur so können wir die Aufmerksamkeit des anderen dauerhaft erhalten. Zwischen die Häppchen gehört immer eine kleine Pause, und nach vielen kleinen Häppchen muß es eine große Pause geben, sonst erschlagen wir den Zuhörer mit Informationen.

Mit der guten Kommunikation ist es wie mit einem guten Menü. Wir brauchen einen Aperitif, der den Appetit anregt. Kein Gang darf uns überfordern, und zwischen den Gängen brauchen wir Erholungsphasen. Das Dessert soll den krönenden Abschluß bilden und der Digestif sowohl die Verdauung fördern als auch den Nachhauseweg erleichtern. Wir sind gut beraten, wenn wir unsere Gespräche wie ein gutes Menü aufbauen; wenn die ersten Sätze unserem Gesprächspartner Lust auf die Unterhaltung machen, unsere Botschaften ihm häppchenweise kredenzt werden, die Zusammenfassung die Unterredung krönt und er mit einer guten Laune nach Hause kehren kann. Wenn uns das gelingt, dann verschaffen wir uns einen guten Abgang.

Ein guter Abgang muß gut abgehen

Das Bonmot, der Witz, das treffende Wort: so manche wohlüberlegte Formulierung würdigt den Schlußpunkt einer Unterhaltung.

Haste Worte?

Es ist schwer, die richtigen Worte zu finden. Wie wahr dieser Satz ist, erfahren wir Tag für Tag. Rechtfertigen oder entschuldigen, tadeln oder loben: immer dann, wenn ein zu kommunizierender Sachverhalt unsere Emotionen auslöst, ringen wir nach Worten. Was in Gleichmut gelingt, mißlingt unter Anspannung.
Wenn ein Sportler nach einer schmerzlichen Niederlage kaum ein Wort herausbringt oder gar in Tränen ausbricht, dann wird jeder verständige Mensch ihm das nachsehen. Und wenn der strahlende Sieger vor Freude nur noch Unzusammenhängendes stammeln kann, dann stört das niemanden. Unsere Nachsichtigkeit endet aber dort, wo weder Schmerz noch Trauer, weder Lust noch Freude den Redner einnehmen. Vom Gleichmütigen erwarten wir eine klare Rede und eine vortreffliche Wortwahl. Diese Erwartung begleitet uns Menschen seit Jahrtausenden. Schon die alten Griechen und Römer schulten Ihre Staatsmänner in der hohen Kunst der Rhetorik. Das rechte Wort, die treffende Formulierung: sie treffen nicht nur des Pudels Kern, sondern auch unser Innerstes. Die Rede eines Menschen kann anregen, begeistern, zur Tat antreiben, sie kann aber auch langweilen, ermüden, ja ermatten. Im tagtäglichen Miteinander erwartet wohl niemand von Ihnen, wie ein Rhetor aufzutreten. Im Gegenteil!

Rhetoren sind keine Gesprächspartner.
Rhetoren sind Verkünder.

Viele beneiden den Sprachgewandten und streben danach, es ihm gleichzutun. Im Sinne partnerschaftlichen Dialogs ist dieses Streben allerdings bedenklich. Warum?
Rhetorische Brillanz und geschliffener Ausdruck behin-

dern den Dialog. Sie sind Reden, Ansprachen, Vorträge oder Anweisungen vorbehalten, bei denen Sender und Empfänger auf unterschiedlichen Ebenen stehen. Ansprachen an das Volk, Reden vor der Aktionärsversammlung, Vorträge vor dem Auditorium, Anweisungen an Mitarbeiter. In all diesen Kommunikationsakten ist der Sender dem Empfänger über- oder vorgeordnet. Er steht höher als der Adressat, ob bildhaft, intellektuell, hierarchisch oder imaginär.

Die sprachliche Überlegenheit, die in rhetorischer Brillanz zum Ausdruck kommt, spiegelt das Rangverhältnis wider. Fehlt sie, dann kommt es zur Dissonanz von Rang und Rhetorik. Wenn der hochgepriesene Professor für seinen Fachvortrag eine sprachliche Form sub omne canonem (unter aller Kanone; lat. Verballhornung) gewählt hat, dann untergräbt er ungewollt sein Ansehen. Wenn Ihr Chef Ihnen mit vielen „Ahs“ und abgebrochenen Sätzen Anweisungen erteilt, dann wird er Ihren Respekt vor ihm kaum fördern. Aber welche Hochachtung bringen wir dem Chef entgegen, der seine Anweisungen nicht nur klarer, sondern auch viel präziser und kürzer formulieren kann, als wir es vermögen? Welchen Respekt zollen wir dem Gelehrten, der seine herausragenden Forschungsleistungen in potenter Prosa vorzutragen versteht, und das ohne Skript? Welchen Genuß empfinden wir, wenn Volksvertreter eine öde Bundestagsdebatte in eine Sternstunde des gewandten Wortes verwandeln?

Performative Sprechakte und die Mittel der Rhetorik

Lieber Leser, die letzten (beiden) Seiten behandelten Aspekte der Rhetorik. Bei deren Darstellung habe ich sogenannte performative Sprechakte benutzt, deren Bedeutung für die Kommunikation kaum hoch genug eingeschätzt werden kann.

Performative Sprechakte wurden von John L. Austin (1911-1960) in die Sprachphilosophie eingeführt. Bei ihnen stimmen der Inhalt der Aussage und das Handeln des Sprechers überein. Ein Beispiel ist der Satz: „Ich taufe Dich auf den Namen Atlantis“, den der Täufer während der Schiffstaufe spricht, oder die Formel: „Ich taufe Dich auf den Namen Jan Bodo“, mit welcher der Pfarrer die Kindstaufe vollzieht. Ein anderes ist der Toast, den wir beim Anstoßen der Gläser ausbringen: „Zum Wohl!"

Weil bei performativen Sprechakten Inhalt und Sprechakt zusammenfallen, verstärken sie die inhaltliche Aussage nachhaltig. Andererseits wird eine Aussage drastisch geschwächt, wenn ihr die Handlung des Sprechers zuwiderläuft, z. B. wenn jemand mit schlotternden Knien stammelt: „Ich habe keine Angst", oder wenn wir drohend sagen: „Ich helfe Dir gleich." Aber auch wenn jemand müde und lustlos seine Präsentation mit den Worten beendet: „Ich bin von meinem Konzept voll und ganz überzeugt."

Auch in den vorangegangenen Abschnitten sind performative Sprechakte plaziert. Ich habe nämlich Aspekte der Rhetorik beschrieben und gleichzeitig Aspekte der Rhetorik angewendet, z. B. die rhetorische Frage, die Anapher und Alliteration. Welches Ziel verfolgen diese Mittel?

Rhetorische Fragen haben die Form der Frage, hegen aber keine ernsthafte Frageabsicht. Sie sollen Aufmerksamkeit erzielen und Bestätigung hervorrufen. Ein Beispiel: „Wir sind doch immer gut miteinander ausgekommen, meinst Du nicht auch?"

Anaphern sind bestimmte Formen der Wiederholung. Bei der Anapher wird ein und dasselbe Wort oder ein und dasselbe konstruktive Satzelement in aufeinander folgenden Sätzen an die gleiche Stelle plaziert, nämlich an den Anfang. Ein Beispiel: „Nie zuvor war unsere Firma so erfolgreich, nie zuvor war ihre Bedeutung so groß, nie zuvor waren unsere Produkte so gut."

Alliterationen sind kunstvolle Kompositionen aus botschaftsbezogenen Begriffen. Der gleiche Anlaut aufeinander folgender Wörter stellt klar, daß die Begriffe einer gemeinsame Botschaft dienen (z. B.: bereinigte Bilanz, rüder Rüpel, gut gefütterte Gans).

Rhetorische Stilmittel wie die genannten wirken vor allem aufgrund ihrer seltenen Anwendung. Würden wir unentwegt wie Rhetoren reden, verlöre unsere hohe Sprache nach und nach an Glanz. Das Herausragende würde zur Norm werden und seinen Nimbus einbüßen.

Die Rhetorik ist eine Kunstform. Wie alle Kunstformen muß auch sie erlernt werden. Das macht sie anstrengend. Der Rhetor kann ebensowenig reden, wie ihm der Schnabel gewachsen

ist, wie der Poet es kann. Wie der Dichter so ist auch er ein Sonderling unserer Sprachgemeinschaft. Wie dieser so ragt auch er aus der Masse heraus, ohne selbst für seine Exponierung sorgen zu müssen. Wir, die anderen, sind es, die ihn wegen seiner Kunst emporheben. Wir halten ihn für „überragend", und damit ist der Niveauunterschied geschaffen. Die Folge: Der Dialog zwischen Rhetor und uns bleibt aus, und die Kommunikation wird zur Einbahnstraße.
JOHN L. AUSTIN, ZUR THEORIE DER SPRECHAKTE, STUTTGART 1972

2. Die Botschaft: eine klare Sache

Wenn ich die Kommunikation mit einem Kunden, Kollegen oder Mitarbeiter initiieren und „unterhalten“ will, dann helfen mir dabei zwei Vorüberlegungen: *Was will ich sagen?* und *Wie will ich es sagen?*
Wer weiß, was er will, hat es in der Regel leicht, *zu sagen*, was er will. Der Unentschlossene hat es in dieser Hinsicht weitaus schwerer. Was soll er sagen, wenn er nach seinem Willen befragt wird? Er kann entweder zugeben, unentschlossen zu sein, oder er kann seine Unentschiedenheit überspielen. Wählt er letzteres, dann kann er seine fiktive Position in dunkle, unverständliche Worte hüllen oder einen Willen simulieren. Letzteres gelingt ihm am ehesten, indem er einen imaginären Entschluß mitteilt, der das Wohlgefallen der anderen genießt. Dem Opportunisten werden keine unangenehmen Fragen gestellt. Es ist aber auch klar, daß der Mitläufer keine Richtung vorgibt.
Ob Entschlossenheit oder Wankelmut ihre Gefühlslage dominieren, bringt die Sprache unmittelbar zum Ausdruck: durch die Tonlage, die Lautstärke, die Stimmodulation, aber auch durch die Wortwahl, den Satzbau, den Modus. Ein schiefer Ton, ein lautes Wort, eine zittrige Stimme, und schon schwingt Zweideutiges mit. Ein falsches Wort, ein mißglückter Satz, ein unpassender Modus, und sofort erhält die Aussage einen Beigeschmack. Dabei ist manch verbaler Fauxpas kein Freudscher Versprecher oder Anzeichen von Unentschlossenheit, sondern schlicht Folge mangelnder Sprachbeherrschung. Karger Wortschatz, syntaktische Fehler, vertracktes Denken: all diese Mängel können wir gezielt abstellen, indem wir überlegen, wie wir etwas sagen.
Die Sprachmodalität ist vor allem vom Empfänger bestimmt. Ist dem Empfänger meine Sprache fremd, dann wird ihn meine Botschaft verfehlen. Will ich als Sender erfolgreich sein, dann muß ich die Sprache sprechen, die der Empfänger versteht. D. h. nicht, daß ich dessen

Sprache sprechen müßte. Ich muß es nicht so sagen, wie er es sagen würde, sondern so, daß er es versteht. Also werde ich bedenken:

Rede niemandem nach dem Mund.
Rede jedem nach dem Ohr.

Wenn wir bisher eine Leistung erster Güte „sehr gut" nannten, dann wirken wir alles andere als authentisch, wenn wir plötzlich Adjektive wie „echt gut", „geil" oder „cool" benutzen. Aber wir laufen nie Gefahr, abgehoben oder unverständlich zu klingen, wenn wir es bei unverfänglichen und eindeutigen Bezeichnungen bewenden lassen. Im Gegenteil, so wirken wir echt. So finden uns die anderen „echt gut".

Ohne Wenn und Aber

Unsere Sprache kennt so viele Regeln und Feinheiten, daß niemand sie vollständig kennen oder gar praktizieren könnte. Hinzu kommt, daß die Sprache einer Wandlung unterworfen ist. Ständig treten neue Regeln und Ausdrucksweisen hinzu, viele, die sinnvoll sind, und viele, die es nicht sind.

Wir reden gerne mit Menschen, deren Aussagen Verläßlichkeit ausstrahlen; ganz einfach deshalb, weil wir wissen wollen, woran wir sind. Je vager die Aussagen des anderen, desto geringer seine Vertrauenswürdigkeit. Die Zusage „Ich werde Dir helfen" stimmt uns zuversichtlicher als der Satz: „Wenn Du meine Hilfe brauchen solltest, dann denke ich schon, daß sich da was machen ließe". Die Zusage ist klipp und klar, der Satz voller Wenn und Aber.

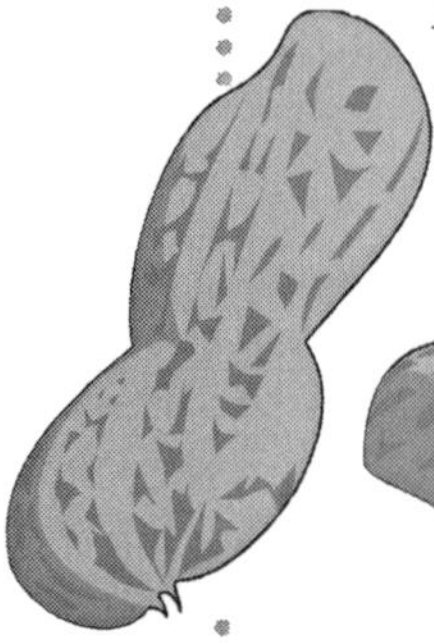

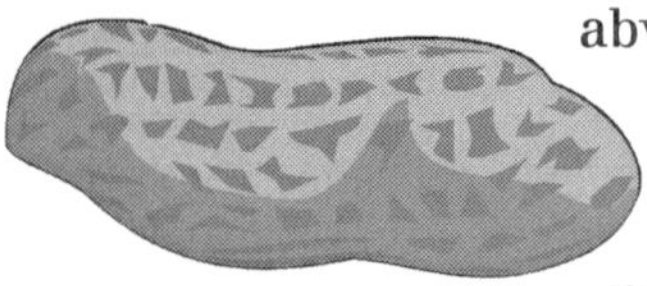

Diese „Wenn und Aber" können durch viele kleine sprachliche Feinheiten übermittelt werden. Ein Empfänger, dem unsere Botschaft wichtig ist, hört sehr genau hin und registriert jedes noch so kleine Signal, das von unserer Absicht abweicht.

Als Hilmar Kopper den Millionenschaden im Fall Schneider „Peanuts" nannte, war es wohl kaum seine Absicht gewesen, den Eindruck zu erwecken, die Deutsche Bank gehe fahrlässig mit dem Geld ihrer Kunden um. Aber seine Aussage wurde von vielen Hörern so gedeutet. Der Sender kann ungewollt Zweifel säen, wenn sein Ausdruck mißverständlich ist. Je gewichtiger unser Wort, desto größer die Vorsicht, die wir bei unserer Wortwahl walten lassen sollten. Es gibt reichlich Quellen des Mißverständnisses, die durch den sich ändernden Sprachgebrauch entstanden sind. Viele davon sind vermeidbar. Ich will einige nennen.

Den Wagen absenken und mit einer Plane abdecken

Eine, der wir gelegentlich zum Opfer fallen, ist der unsinnige Einsatz von Wörtern im bedeutungsfremden Kontext. Dann sprechen wir z. B. davon, daß alle Arbeitsbereiche unserer Abteilung abgedeckt seien, und vergessen dabei, daß das Verb „abdecken" für Tätigkeiten in der Tierkörperverwertung steht und unseren Satz in puren Unsinn verwandelt. Oder wir sagen, jemand habe den Sand mit einer Plane abgedeckt, meinen aber, er habe ihn mit einer Plane be- oder zugedeckt. Und unser Kraftfahrzeugmechaniker läßt uns wissen, das Auto werde abgesenkt. Dabei reicht es vollkommen, einen Wagen zu senken. Gravierende Mißverständnisse lösen solche Beispiele glücklicherweise selten aus. Probleme mit der Interpretation mißbräuchlich plazierter Begriffe haben meistens jene, die einen Satz Wort für Wort erschließen müssen. So fragte einmal ein Engländer, dem ich gesagt hatte, daß ich mich „natürlich" über seinen Anruf gefreut habe, wie denn meine widernatürliche Freude über seinen Anruf aussähe.
Derselbe Freund verhöhnte einmal während eines gemeinsamen Stadtbummels einen Passanten, der uns den Weg zum Dom wie folgt beschrieb: „Wenn Sie die nächste Straße rechts abbiegen, dann steht der Dom direkt neben dem Rathaus." Nachdem wir uns dankend verabschiedet hatten, raunte er mir zu: „Und was ist, wenn wir nicht die nächste Straße rechts abbiegen? Steht der Dom dann nicht mehr neben dem Rathaus?" Streng genommen hatte er recht. Wenn-dann-Sätze geben zeit-

liche oder kausale Relationen wieder. Der Standort des Domes hängt nicht vom Weg ab, den Touristen zu ihm einschlagen.

Eigentlich bin ich ziemlich sicher

Eine andere Spielart, klare Aussagen zu vernebeln, ist das Auffüllen eines Satzes mit Ballast – unnecessary verbage, wie der Brite sagt. Der Zusatz „unnecessary verbage, wie der Brite sagt" im letzten Satz ist ein Beispiel dieser Unart. Die Aussage ist ohne den Zusatz vollständig, das Addendum enthält wenige bis keine oder nur nebensächliche Informationen und dient nur der Wichtigtuerei.

Der Absicht, durch Sprachartistik Eindruck zu schinden, folgt oft das Gegenteil des Erstrebten. Die Aussage wirkt aufgebläht, der Informationsgehalt verschwindet im verbalen Nebel. Der Hörer mutmaßt, der Sprecher habe entweder nichts Bedeutendes zu sagen oder er kaschiere seine Unsicherheit durch Worthülsen. Begriffe wie „eigentlich", „quasi", „d. h.", „selbstverständlich", „ziemlich" usw. signalisieren einen gewissen Zweifel am Botschaftserfolg. „Eigentlich bin ich ziemlich sicher" heißt nichts anderes als „Ich bin unsicher".

Für die verbale Aufrüstung einer Aussage gibt es Gründe. Einer ist der, daß das Sprechen dem Denken vorauseilt. Sprächen wie so langsam, wie wir denken, dann enthielten unsere Dialoge viele Pausen, die uns womöglich peinlich sein könnten oder dem Gesprächspartner die Chance böten, unseren Redefluß zu unterbrechen. Überflüssige Füllwörter können der einen wie der anderen Folge vorbeugen. Statt während des Denkens nichts, „äh" oder „hm" zu sagen, streuen wir bedeutungslose Füllwörter in unsere Sätze ein und bleiben so am Ball.

Betreffs Rotkäppchen

Eine andere Variante, der eigenen Aussage ungewollt das Wasser abzugraben, ist die ungelenke Formulierung. „Der Umsatzzuwachs verzeichnete einen Anstieg" sagt dasselbe wie „Der Umsatz stieg". Ungelenke Redewendungen resultieren u. a. aus der Tradition des Bürokraten- oder Amtsdeutsch, in der die aktivische Sprache der substantivischen wich. „Auftrag erteilen“ statt „beauftragen“, „Antrag stellen“ statt „beantragen“ sind Beispiele, an denen nur wenige Anstoß nehmen. Auffälliger sind umständliche Formulierungen wie „Die Unsitte des ungelenken Ausdrucks äußert sich dahingehend, daß umständliche Redewendungen verwendet werden“ statt „Die Unsitte des ungelenken Ausdrucks äußert sich in umständlichen Redewendungen.“ Der Schriftsteller Thaddäus Troll hat in vortrefflicher Weise Rotkäppchen ins Amtsdeutsch übertragen. Seine Version lautet wie folgt:

„Betreffs Rotkäppchen, in amtlichem Sprachgut beinhaltet.

... Vor ihrer Inmarschsetzung wurde die R. seitens ihrer Mutter schulisch über das Verbot betreffs Verlassens der Waldwege auf Kreisebene belehrt. Dieselbe machte sich infolge Nichtbeachtung dieser Vorschrift straffällig und begegnete beim Übertreten des bezüglichen Blumenpflückverbotes einem polizeilich nicht gemeldeten Wolf ohne festen Wohnsitz. Dieser verlangte in unberechtigter Amtsanmaßung Einsichtnahme in das zu Transportzwecken von Konsumgütern dienende Korbbehältnis und traf in Tötungsabsicht die Feststellung, daß die R. zu ihrer verschwägerten und verwandten, im Baumbestand angemieteten Großmutter eilends war.

Da wolfsseits Verknappungen auf dem Ernährungssektor vorherrschend waren, faßte er den Beschluß, bei der Großmutter der R. unter Vorlage falscher Papiere vorsprachig zu werden. Weil dieselbe wegen Augenleidens krankgeschrieben war, gelang dem in Freßvorbereitung befindlichen Untier die diesfallsige Täuschungsabsicht, worauf es unter Verschlingung der Bettlägerigen einen strafbaren Mundraub zur Durchführung brachte...

... Der sich auf einem Dienstgange befindliche und im Forstwesen zuständige Waldbeamte B. vernahm Schnarchgeräusche und stellte deren Urheberschaft seitens des Tiermaules fest. Er reichte bei seiner vorgesetzten Dienststelle ein Tötungsgesuch ein, das dortseits

zuschlägig beschieden und pro Schuß bezuschußt wurde. Nach Beschaffung einer Pulverschießvorrichtung zu Jagdzwecken gab er in wahrgenommener Einflußnahme auf das Raubwesen einen Schuß ab.
Dieses wurde in Fortführung der Raubtiervernichtungsaktion auf Kreisebene nach Empfangnahme des Geschosses ablebig. Die gespreizte Beinhaltung des Totgutes weckte in dem Schußgeber die Vermutung, wonach der Leichnam Menschenmaterial beinhalte.
Zwecks diesbezüglicher Feststellung öffnete er unter Zuhilfenahme eines Messers den Kadaver zur Totvermarktung und stieß hierbei auf die noch lebhafte R. nebst beigehefteter Großmutter. Durch die unverhoffte Wiederbelebung bemächtigte sich beider Personen ein gesteigertes, amtlich nicht zulässiges Lebensgefühl, dem sie durch groben Unfug, öffentliches Ärgernis erregenden Lärm und Nichtbeachtung anderer Polizeiverordnungen Ausdruck verliehen, was ihre Haftpflichtmachung zur Folge hatte. Der Vorfall wurde von den Kulturschaffenden Gebrüdern Grimm zu Protokoll genommen und starkbehinderten Familien in Märchenform zustellig gemacht ..."

ZITIERT IN: BOSETZKY UND HEINRICH 1985, S. 106 (NACH NEUBERGER UND KROMPKA).

Emotional unheimlich schlecht drauf und wahnsinnig betroffen

Unnötig vertrackte Sprachwendungen sind auch die Folge eines schrumpfenden aktiven Sprachschatzes. Wir sind entweder „emotional unheimlich schlecht drauf" oder „wahnsinnig betroffen." Dabei wäre es uns ein Leichtes, unser Gefühlsleben weitaus präziser und differenzierter zu beschreiben, z. B. indem wir sagten, wir seien ...

aufgebracht, aufgewühlt, bedrückt, bestürzt, betroffen, böse, echauffiert, eingeschnappt, empört, entrüstet, entsetzt, enttäuscht, erbost, erhitzt, erzürnt, fassungslos, gegrämt, gereizt, grämlich, griesgrämig, grimmig, konsterniert, miesepetrig, mißgelaunt, mißgestimmt, mißmutig, mißvergnügt, mürrisch, niedergeschlagen, pampig, pikiert, sauer, säuerlich, schlecht gelaunt, sprachlos, trübsinnig, übellaunig, ungehalten, verärgert, verbittert, verdrossen, vergrämt, wütend, zornentbrannt, zornig – je nach dem, was unsere Gefühlslage am besten beschreibt.

Das passive Vokabular überragt bei weitem das aktive. Statt das passende Verb zu verwenden, umschreiben wir eine Tätigkeit. Wir steigen aus dem Zug aus statt ihn zu verlassen, und wir steigen in den Zug ein statt ihn zu besteigen. Was den aktiven Wortschatz betrifft, so sind wir eine Generation der „Macher". Wir machen das Abitur statt es zu bestehen, wir machen Geschäfte statt sie abzuschließen, wir machen Entwürfe statt sie zu skizzieren, wir machen Freunde statt sie zu gewinnen, wir machen einen Abschluß statt ihn zu erwerben, wir machen Druck statt ihn auszuüben, wir machen Kinder statt sie zu zeugen usw. Die Liste wäre beliebig fortsetzbar. Unser aktives Vokabular wird nur selten bereichert, und wenn, dann vor allem um Anglizismen. Es gehört zum Understatement eines weltgewandten Managers, seine Leute zu briefen statt sie zu informieren, eine Veranstaltung zu canceln statt abzusagen oder zu stornieren, und einen Geschäftsvorgang zu checken statt zu prüfen.

Vieles kann eine klare Botschaft verstellen: Marotten und Manieriertheiten, gespreiztes und gestelztes Reden oder auch der ungewollte Einsatz der hier genannten Mittel, die eine Aussage verklären. Wohl niemandem sind die genannten Methoden und Gebräuche fremd. Kaum einer widersteht ihnen auf ganzer Linie. Mancher wird sie sogar tolerieren; wenn nicht alle, so doch einige. Für den partnerschaftlichen Dialog sind sie zwar nicht von zwingendem Nachteil. Aber unsere Position leidet im Gespräch unter sprachlichen Nachlässigkeiten, weil sie den Verdacht nähren, wir seien unentschieden.

Das „Würde" des Menschen

Wir sprechen so, wie wir denken. Alles, was wir sagen, ist das Ergebnis neuronaler Operationen. Insofern ist es plausibel, daß wir als Hörer einer gesprochenen Botschaft auf das Denken des Sprechers rückschließen. Ein klar und korrekt formulierter Satz läßt uns mutmaßen, der Sprecher habe einen ebenso klaren Gedanken gefaßt. Eine klar ausgesprochene Bitte deuten wir als Zeichen eines feststehenden Entschlusses. „Ich will von Ihnen den Bericht vom März 1998 haben." Dieser Satz enthält eine eindeutige Botschaft. Er signalisiert dem Empfänger, daß der Sender genau weiß, was er will. Er enthält alle notwendigen und keine überflüssigen oder gar konterkarierenden Elemente. Er steht im Indikativ.

Im Alltag treffen wir auf viele Aussagen, die zwar eine indikative Bedeutung, aber eine konjunktivische Form haben. Der Hörer nimmt diese Diskrepanz wahr. Der Satz: „Ich würde von Ihnen ganz gern den Bericht vom März 1998 haben wollen", spiegelt geringere Willenskraft wider als die entsprechende indikativische Formulierung: „Ich will von Ihnen den Bericht vom März 1998 haben." Wir räumen dem Konjunktiv oft den Vorzug ein, weil wir meinen, er brächte mehr Höflichkeit zum Ausdruck. Diese Vermutung mag in manchen Fällen durchaus zutreffen, in anderen wird Höflichkeit als Zeichen mangelnden Willens ausgelegt.

Ganz gleich was überwiegt, ein indikativisch formulierter Satz ist immer Ausdruck der Entschiedenheit, sein konjunktivisches Pendant birgt stets ein Moment der Unentschlossenheit. Konjunktiv und Indikativ haben unterschiedliche Aufgaben zu erfüllen. Der Konjunktiv ist eine bedingte Aussage. Er deutet auf eine Bedingung hin, die erfüllt sein muß, damit die Aussage wahr ist. Der Indikativ ist eine unbedingte Aussage, deren Inhalt keiner Kondition unterliegt.

Wenn wir sagen: „Ich würde von Ihnen ganz gern den Bericht vom März 1998 haben wollen", dann geben wir dem Hörer nolens volens zu verstehen, daß wir unter Umständen auf die Erfüllung unseres Wunsch verzichteten. Ungewollt schwingt ein „... falls es Ihnen recht ist" mit.

Auf einer Tagung begann ein Diskutant seinen Beitrag mit den Worten: „Ich würde denken, Sie haben recht", worauf ihn der Moderator aufforderte: „Dann tun Sie es doch!" Das Würde des Menschen enthält immer ein Moment des Zögerns und Zauderns. Einmal hörte ich eine in dieser Hinsicht kaum noch zu überbietende Äußerung: „Wenn Sie es so sehen, dann würde ich aber doch gemeint haben wollen ...“ Klingt sehr entschieden, nicht wahr?

3. Aktiv zuhören, gezielt fragen

Bedenke, was Du sagst,
wenn Du nicht sagst, was Du denkst!

Mit dieser Klugheitsregel haben wir schon so manche prekäre Situation glimpflich überstanden. Die Kunst des partnerschaftlichen Dialogs besteht darin, an diesem Sprichwort kräftig zu schütteln, die verbleibenden Worte sowie ein paar zusätzliche zu mischen und den Sinn neu zu ordnen.

Sage, was Du denkst, und bedenke, wie Du es sagst.

Ein Gespräch wird von dem, was und wie wir etwas sagen, bestimmt. Die vorangegangenen Abschnitte haben diesen Sachverhalt hervorgehoben. Wenn wir ihnen eine zentrale Botschaft entnehmen wollen, dann diese: „Ich sage dem anderen, was ich *will.* Und ich sage ihm *klar,* was ich will."

Zum erfolgreichen partnerschaftlichen Dialog gehört aber noch mehr. Zu ihm zählt auch, was unser Gesprächspartner sagt und tut, und wie wir darauf reagieren. Wenn wir seine Aussagen bezweifeln, seine Fragen belächeln und seine Einwände ignorieren, dann werden wir bei ihm schwerlich das Gefühl wecken können, er werde von uns ernstgenommen.

Wenn wir aber seinen Worten Gehör schenken, seinen Fragen mit Respekt begegnen und seinen Bedenken Rechnung tragen, dann geben wir ihm das Feedback, das ihm als Dialogpartner gebührt. Aber wie vermitteln wir ihm den Eindruck, das zu tun? Am besten durch aktives Zuhören, gezieltes Rückfragen, durchgängigen Blickkontakt, eindeutige Gebärden und klare Sprache. Was die klaren Worte und Gebärden angeht, so können wir auf das vorangegangene Kapitel verweisen. Hier wollen wir nun beschreiben, was es heißt, mit Auge und Ohr und der richtigen Frage dabeizusein.

Welches Ohr hätten Sie denn gern?

Nach Schulz von Thun können wir vier Aspekte einer Information unterscheiden: Sachaussage, Selbstbekundung, Appell und Beziehungsaspekt.

Der Satz „Die Lage ist ernst“ kann demnach vier verschiedene Bedeutungen haben:
„Die Lage ist ernst.“ *Sachaussage*
„Ich stehe unter Druck.“ *Selbstbekundung*
„Arbeiten Sie die nächsten Tage härter!“ *Appell*
„Unsere lockere Arbeitsatmosphäre ist dahin.“ *Beziehungsaspekt*
Der Möglichkeit, mit einer Aussage vier verschiedene Botschaften zu senden, entspricht das Pendant, aus einem Satz vier verschiedene Botschaften herauszuhören. Denn wir hören gewissermaßen mit vier Ohren:

Beide Aspekte einer Botschaft (Sendung und Empfang) sind Quellen denkbarer Mißverständnisse. Das bedeutet Vorsicht beim Formulieren und Zuhören.
Stellen wir uns folgende Situation vor. Ein Mitarbeiter fragt uns besorgt, wie die Auftragslage aussehe, und wir erwidern kurz: „Die Lage ist ernst.“ Wissen wir dann, wie er die Antwort auslegen wird? Wohl kaum. Die Aussage ist zwar klar formuliert, aber erst im erläuternden Kontext genau zu verstehen. „Die Lage ist ernst“ kann für ihn u. U. bedeuten: „Rechnen Sie mit dem Schlimmsten; mit Ihrer baldigen Entlassung; mit der Schließung des Betriebs“ etc. Vielleicht haben wir etwas anderes mit ihr ausdrücken wollen, z. B.: „Aber wir haben sie im Griff; es gibt keinen Grund zur Beunruhigung.“ Wenn ich es versäume, dem Hörer meine Aussage zu erläutern, dann ermuntere ich ihn unwillkürlich zum Speku-

lieren, z. B.: „Überlegen Sie selbst, was eine ernste Lage bedeutet.“ Ich vermittle ihm das Gefühl, als sei es mir gleichgültig, was er mit meiner Nachricht anfangen wird. Er wird kaum den Eindruck gewinnen, ich sei an einem partnerschaftlichen Dialog interessiert.
Ähnliches geschieht, wenn ich es unterlasse, seine klaren Aussagen zu hinterfragen. Stellen wir uns folgende Situation vor. Wir fragen einen Mitarbeiter, ob er mit dem Projekt vorankomme, worauf er antwortet: „Es geht.“ Wissen wir nun, wie es um ihn und das Projekt steht? Wohl kaum. Was heißt „Es geht“? Will er sagen: „Ja, ich komme voran“ (Sachaussage) oder: „Ja, aber ich bin froh, wenn ich es hinter mir habe“ (Selbstbekundung) oder: „Ja, aber bitte lassen Sie mich in Ruhe“ (Appell) oder: „Ja, da haben Sie mir ein Projekt aufs Auge gedrückt, das sich gewaschen hat“ (Beziehungsaussage). Unterlasse ich es, nach der Bedeutung der Aussage „Es geht“ zu fragen, dann signalisiere ich möglicherweise ungewollt die Botschaft: „Gut. Für mich ist vorrangig wichtig, daß Sie Ihre Aufgabe erfüllen.“ Erst gezieltes Nachfragen vermittelt ein weiterreichendes Interesse. Sie zeigen an: „Ihr Output ist wichtig, aber auch, daß Ihre Arbeit Sie erfüllt, welche Meinung Sie zu Ihrem Projekt haben etc.“ Sie sagen: „Ich kommuniziere mit Dir als Partner in einem gemeinsamen Projekt.“
Ob Ihre Botschaften das richtige Ohr erreichen und Sie die Aussagen anderer korrekt deuten, können Sie in einem kleinen Spiel feststellen. Es heißt: „Welches Ohr hätten Sie denn gern?“

„Welches Ohr hätten Sie denn gern?“ ist ein Kommunikationsspiel, das hörergerechtes Formulieren trainiert. Es geht darum, nach Sachohr, Selbstbekundungsohr, Appellohr und Beziehungsohr zu unterscheiden. Sie benötigen einen Spielpartner. Interessanter ist es allerdings, wenn Sie mit mehreren Personen spielen. Eine Person mimt den Empfänger, alle anderen schlüpfen in die Rolle des Senders.

Reihum geben die Sender dem Empfänger verbale Botschaften. Jeder Spieler legt zuvor fest, auf welches Ohr seine Botschaft zielt und hält seine Absicht zunächst geheim. Der Empfänger sagt nach jeder Sendung, auf welchem Ohr er die Nachricht empfangen hat.
Der Sender nimmt zum Feedback des Empfängers Stellung, eventuell auch die anderen Mitspieler. Weichen Empfang und Absicht der Botschaft voneinander ab, wird gemeinsam erörtert, was die Differenz verursachte, und nach einer alternativen Formulierung gesucht. Sie werden feststellen, daß die sprachliche Form und die Betonung den Empfang einer Botschaft maßgeblich prägen.

Die Regeln des Feedbacks

Die Ursachen von Kommunikationsmißverständnissen sind vielfältig. Das Umfeld, in dem etwas gesagt wird, beeinflußt das Verstehen in hohem Maße. Die folgenden Regeln des Feedbacks, die – mit einigen Abweichungen – die Arbeiten von Ruth Cohn wiedergeben, helfen, ein Umfeld zu schaffen, in dem unsere Botschaften so aufgefaßt werden, wie wir sie verstanden sehen wollen.
Das richtige Feedback fördert jede Unterhaltung. Es setzt voraus, daß sowohl Feedbackgeber als auch Feedbacknehmer ihre Regeln beherrschen.
Für den partnerschaftlichen Dialog hat der Feedbackgeber folgende Regeln zu beachten.

Sage ich statt „wir“ oder „man“!
Der andere will wissen, was ich denke. Spreche ich davon, was *man* sagt, erwecke ich den Eindruck, mit der Meinung anderer konformgehen zu wollen oder gar keine Meinung zu haben. Auf die Frage „Was halten Sie von meinem Vorschlag?“ ist die Antwort „Recht nett, aber das macht man ganz anders. Ich werde Ihnen morgen mal zeigen, wie das geht“ verfehlt. Sie erinnert an Zurechtweisungen der Mutter („Das macht man nicht. Komm mal her, ich erklär's Dir.“). Der Feedbackempfänger mutmaßt, ich wollte ihn in die Rolle des Kindes drängen und seine Kompetenz bestreiten. Die Antwort „Zum Teil gefällt mir Ihr Vorschlag, aber ich habe auch Einwände,

die ich morgen mit Ihnen besprechen will" läßt dagegen erkennen, daß ich seinen Vorschlag sorgfältig studiert, ihn ernstgenommen und seine Arbeit als diskussionswürdige Grundlage akzeptiert habe.

Sage es konkret!
Vielen Feedbacks mangelt es an konkretem Bezug. Ein Beispiel: Ein Designer fragt den Art Director: „Wie gefällt Ihnen mein Entwurf?"

Der Gefragte gibt zurück: „Ich weiß nicht, Ihren Arbeiten fehlt immer die Finesse." Diese Antwort ist pauschalierend (... fehlt immer ...), dabei ist nur ein Feedback auf einen bestimmten Entwurf erwünscht. Außerdem hat der Begriff „Finesse" keinen erkennbaren Rekurs auf die Frage. Dagegen nimmt die Entgegnung „Ihr Entwurf ist meines Erachtens solide gearbeitet, aber er wirkt auf mich auch spröde. Mir fehlen an ihm die leuchtend schrillen Farben und die spitzwinkeligen Formen, die der Kunde verlangt hat" konkreten Bezug auf die Frage und spezifiziert Lob und Tadel.

Sage es, wenn der/die andere es will!
Ein Kommentar vor versammelter Mannschaft wie „Ihre Ideen waren auch schon einmal besser. Manche lernen eben nichts dazu, und vergessen das bißchen, das sie einmal konnten, umso schneller" ist zwar Feedback, aber unaufgefordert. Ungefragte Kommentare entmutigen, wenn sie Tadel beinhalten; nur wenn sie loben, ermutigen sie. Das gilt vor allem in Gruppen. Wenn ich den anderen als Partner ernstnehme, dann hole ich sein Einverständnis ein, bevor ich ihn oder sein Handeln kommentiere. Auf keinen Fall verhöhne ich ihn vor anderen. Ich verspotte niemanden, den ich wertschätze.

Sage es so, daß es nützt!
Der leitende Gedanke bei jedem Feedback sollte sein: „Nützt dem Empfänger das, was ich ihm mitteile?" Ist die Antwort „Nein", dann unterlasse ich mein Feedback. Die Idee der Partnerschaft ist die der beiderseitigen Vorteils-

gemeinschaft. Ihre Kommunikation beruht auf dem Grundsatz, dem anderen zu geben, was ihm nutzt. Übrigens: Das Vorenthalten ungeliebter Wahrheiten ist kein Nutzen von Dauer. Deshalb ist es wichtig, dem anderen ein vollständiges Feedback zu geben, aber schonend.

Wenn Du etwas fragst oder sagst, dann sage, warum Du es tust!
Rückfragen, aber auch Kommentare können den Gesprächspartner verunsichern, vor allem, wenn deren Hintergrund diffus bleibt. Auf die Frage des Marketingmanagers „Was sagen Sie zu meiner neuen Zielgruppenbeschreibung?“ könnten wir z. B. erwidern: „Wie lange arbeiten Sie eigentlich schon bei uns?“ oder: „Ich werde das nächste Mal sorgfältiger überlegen, wen ich womit beauftrage.“ In beiden Fällen würden wir den Feedbackempfänger verunsichern, weil er die Antworten nicht einordnen könnte. Erst wenn wir sagen, warum wir unsere Rückfrage stellen bzw. unseren Kommentar abgeben, wird ihm unser Feedback nutzen können. Wie anders klingt es, wenn wir sämtliche Unklarheiten beseitigen? „Ihre Zielgruppenbeschreibung wirkt auf mich wie die Arbeit eines Marketingmanagers, der schon fünf bis sechs Jahre bei uns arbeitet. Um beurteilen zu können, wie hoch ich Ihre Leistung einzuschätzen habe, möchte ich wissen, wie lange Sie schon bei uns arbeiten.“ Oder: „Ihre Zielgruppenbeschreibung enthält gravierende Mängel. Ich hatte übersehen, daß Sie über wichtige Hintergrundinformationen nicht verfügten, die Sie für dieses Projekt hätten haben müssen. Sie mit der Aufgabe zu betrauen, war mein Fehler. Ich werde das nächste Mal sorgfältiger überlegen, wen ich womit beauftrage.“

Sage es ohne Auf- und Abwertung!
Feedback enthält immer ein Urteil, sonst wäre es ohne Pointe. Aber die Wertung soll weder verdammen noch lobpreisen. Sie gilt der Handlung, nicht dem Menschen. Bemerkungen wie „Typisch EDV!“ sind pauschalierend und abschätzig. Sie können verletzen, helfen aber nicht. Auch überzogenes Lob verfehlt das Ziel, partnerschaftlich zu kommunizieren. „Wieder mal einer Deiner

gefürchteten Geniestreiche“ und ähnliche Formulierungen wirken wenig ernsthaft. Der Hörer glaubt, er werde verschaukelt – oft zurecht. „Deine Leistung war ausgezeichnet – übrigens nicht zum ersten Mal“ klingt ernstgemeint. Nur wirkliches Lob motiviert. Spott entmutigt. Im Zwiegespräch teilen wir aus – und stecken ein. Wenn wir, statt Feedback zu geben, Rückmeldungen entgegennehmen, dann helfen uns folgende Regeln beim partnerschaftlichen Dialog:

Entscheide selbst, was Du annimmst!
Wenn ich einen klaren Willen habe, den anderen als Kommunikationspartner akzeptiere und von ihm fordere, auch mich ernstzunehmen, dann liegt die Entscheidung, des anderen Feedback ganz, partiell oder gar nicht anzunehmen, bei mir. Ich brauche keinen Widerwillen zu zeigen, wenn seine Worte mir etwas nahelegen, das ich ablehne. Im Gegenteil. Ich werde sein Ansinnen aufmerksam verfolgen, alles zu verstehen trachten und dann auswählen, was mir als Anregung wertvoll erscheint. Auf diese Weise ziehe ich den größten Nutzen aus dem Feedback meines Gegenübers.

Rechtfertige Dich nicht!
Feedback soll mir nutzen. Deshalb gilt meine Aufmerksamkeit den konstruktiven Passagen des Gesagten. Diese Art des Zuhörens ist ungeübt. Als Kind haben wir gelernt, uns bei Tadel zu rechtfertigen, uns aus der Schuld herauszureden. „Du böser Junge. Es ist schon halb acht. Wo warst Du so lange?“ „Mama, der Peter war so langsam, daß wir den Bus verpaßt haben. Ich kann nichts dafür.“ In Streßsituationen verfallen wir unwillkürlich in die Kindrolle. Tadel bewirkt Streß. „Herr Müller, Sie sollten die Abrechnung doch bereits gestern eingereicht haben. Jetzt liegt sie immer noch nicht vor.“ „Nicht rechtfertigen. Erklären und selbständiges Handeln beweisen sind besser und vollkommen ausreichend“, möchten wir da Herrn Müller zurufen. Kein „Entschuldigen Sie Chef, kommt nicht wieder vor. Ich werde Überstunden machen. Morgen früh liegt alles auf Ihrem Schreibtisch“, sondern ein „Für die Verspätung liegt ein triftiger Grund vor. Die Bearbeitung der Auf-

tragserweiterung der Importance AG, die Sie vorrangig behandelt wissen wollten, nahm all meine Zeit in Anspruch. Sie wird morgen vormittag abgeschlossen sein. Die Abrechnung werde ich anschließend fertigstellen und Ihnen zukommen lassen.“

Höre nur zu!
Wenn ich meinem Dialogpartner während dessen Feedback aufmerksam zuhöre, ihm in die Augen schaue, keine Fragen außer Verständnisfragen stelle und ihn seine Rede ruhig beenden lasse, dann gebe ich ihm das Gefühl, seine Meinung sei mir wichtig. Abwenden, abwinken, unterbrechen oder gar stehen lassen bewirken das Gegenteil. Außerdem, ich kann nur die Argumente entkräften, die ich vollständig erfaßt habe.
COHN, RUTH: VON DER PSYCHOANALYSE ZUR THEMENZENTRIERTEN INTERAKTION, STUTTGART, KLETT-COTTA 1980; SCHULZ VON THUN, FRIEDEMANN, MITEINANDER REDEN: STÖRUNGEN UND KLÄRUNGEN, RORORO 1989

Ich bin gut in Form, meine Frage auch

Genaues Zuhören ist eine notwendige Voraussetzung für richtiges Verstehen und sinnvolles Nachfragen. Doch welche Fragen sind für den partnerschaftlichen Dialog geeignet? Vor dem Hintergrund des Gesagten ist es wichtig, daß meine Fragen Ausdruck meines Willens sind. Wir fragen, was uns wichtig erscheint. Sind auch unangenehme Fragen aufzuwerfen, dann stellen wir sie, statt sie zu umgehen. Nur so zeigen wir dem anderen, daß wir ihn ernstnehmen. Und wenn wir ihn partnerschaftlich behandeln wollen, dann wählen wir die Frageform, die ihm unsere Absichten am besten vermittelt.
Fragen sind ein wichtiges Mittel der Gesprächsführung. Wer fragt, führt, so heißt es. Das stimmt vor allem, wenn man weiß, wie man fragen soll. Man kann acht Frageformen unterscheiden – vier unproblematische und vier problematische. Die problematischen Frageformen kön-

nen ungeahnte Reaktionen hervorrufen und sollten selten benutzt werden. Deshalb sollte nicht nur der Fragesteller, sondern auch die Frage selbst gut in Form sein, sprich: unproblematisch.

Die vier unproblematischen Frageformen

Geschlossene Fragen: Fragen, auf die es nur ein Ja oder Nein gibt.
Kommst Du morgen zur Betriebsfeier? Geht es Ihnen gut? Ist es richtig, daß Sie das Messe-Projekt betreuen?

Offene Fragen: Fragen, bei denen die Antwort völlig offen ist.
Was meinen Sie dazu? Wie kann ich Ihnen helfen? Was können wir Ihrer Meinung nach tun, um den Umsatz in Süddeutschland zu steigern?

Informationsfragen: Fragen, bei denen man etwas Bestimmtes wissen will.
Wie hoch ist der Berg, den Sie besteigen werden? Wieviele Touristen kommen jährlich nach Venedig? Wohin werden Sie in Urlaub fahren?

Alternativfragen: Fragen, auf die es ein Entweder-Oder gibt.
Fahren Sie nach Hause oder in die Stadt? Wollen Sie die rote Mappe oder die blaue? Wollen Sie als erster oder als zweiter referieren?

Die genannten Fragetypen sind zielgerichtet und einfach. Sie sind unproblematisch, weil sie keinerlei Fallstricke vermuten lassen.
Die vier problematischen Frageformen lassen andere Mutmaßungen zu. Sie haben zumindest einen Unterton (siehe Klammern). Wir unterscheiden:

Suggestivfragen: Fragen, um dem anderen etwas einzureden.
Ist es nicht schade, daß man Ihnen die Projektleitung ver-

sagt hat? (hämisch, schadenfroh) Ihnen gefällt doch auch, daß Frau Meier uns verlassen hat? (heimtückisch, hinterlistig) Sie glauben doch wohl nicht im Ernst, daß wir auf Ihren Vorschlag eingehen? (herablassend, arrogant)

Konterfragen: Der Spieß wird umgedreht.
Und Ihnen? (Auf die Frage „Wie geht es Ihnen?") (reserviert, pikiert) Warum fragen Sie mich das? (gereizt, angriffslustig) Ist es nicht oft anders herum? (streitsüchtig, besserwisserisch).

Provokationsfragen: Fragen, die den anderen reizen.
Hätten Sie das nicht schon längst tun sollen? (provozierend, schulmeisterlich) Ach, meinen Sie tatsächlich, Sie hätten eine Gehaltsverbesserung verdient? (abschätzig, hämisch) Kann das nicht ein bißchen schneller gehen? (hetzend, gängelnd).

Verunsicherungsfragen: Fragen, die den anderen verstören.
Wie soll das mit Ihnen noch weitergehen? (irritierend, zweifelnd) Was haben Sie sich dabei nur gedacht? (anmaßend, verhöhnend) Ist Ihnen schon einmal die Diskrepanz zwischen Ihrer Leistung und der Ihrer Kollegen aufgefallen? (verunsichernd, brüskierend).

Die primäre Aufgabe der Frage ist die Aufforderung zur Antwort, der Anreiz zu Feedback. Diesem Ziel wird eine Frage umso leichter gerecht, desto weniger Nebenabsichten, wie z. B. die Dokumentation von Macht oder die Herabsetzung oder gar Verletzung des Gesprächspartners, sie verfolgt. Schon allein aus diesem Grund ist es angeraten, problemfreie Frageformen zu verwenden.
Wie sehr problemfreie Frageformen den Dialog fördern und wie sehr problematische Frageformen das Gespräch hemmen können, habe ich in meiner Praxis immer wieder erleben können. Ich habe aber auch die Erfahrung gemacht, daß neben der Form auch die Orientierung einer Frage die Unterhaltung entweder in Fahrt oder ins Stocken bringen kann. Allgemein gilt:

Lösungsorientierte Fragen fördern den Dialog, problemorientierte Fragen bremsen ihn.

Sportreporter liefern die besten Beispiele für problemorientierte Fragen. Reporter nach dem Endlauf um die Meisterschaft, den Zweitplazierten vor die laufende Kamera zerrend: „Peter, nur der zweite Platz. Woran hat es gelegen? Warst Du übertrainiert, fehlte die Motivation? Was lief falsch?“ Die Gratulation über den Erfolg geht völlig unter, die natürliche Freude über die Vizemeisterschaft wird umgehend im Keim eitler Problemspekulationen erstickt. Das Image des stets kritischen, aber in Wahrheit ewig nörgelnden Journalisten will gepflegt sein. Und wir Zuschauer fragen uns: Was zeichnet das Gesicht des Athleten mehr: die körperliche Anstrengung, die der Lauf, oder der natürliche Ekel, den die Frage verursacht hat?
Liebe Sportreporter, wie wäre es zur Abwechslung einmal damit: „Herzlichen Glückwunsch zum Gewinn der Vizemeisterschaft. Wie wirst du deinen Erfolg feiern?“ Wir Zuschauer sehen nämlich, daß das Rennen gelaufen ist und dem zweiten das Quentchen Glück zum Triumph fehlte, das der Sieger hatte. Und wir glauben, daß jemand, der hart trainiert hat, mehr offenes Lob und weniger versteckten Tadel verdient.

4. Ich nehme Ihre Meinung an, und Sie übernehmen meine

Fragen provozieren Antworten. Das ist ihr Zweck. Manchmal tritt auch der umgekehrte Fall ein. Dann sind es die Antworten, die Fragen provozieren, sei es, indem sie mehr enthalten als sachliches Feedback („Warum sagt er es mit diesem Unterton?") oder indem sie eine Meinung bekunden, die unserer widerspricht.
Es ist durchaus natürlich, gegenläufige Meinungen abzulehnen, denn immerhin signalisieren sie die Wahrscheinlichkeit, daß mein Wille auf Widerstand stoßen wird. „Wenn wir den Umsatz erhöhen wollen, dann müssen wir eine neue Werbeagentur suchen." „Ich bin anderer Meinung. Im Rahmen unserer qualitätssichernden Maßnahmen sind wir zu der Einsicht gekommen, daß unsere alte Werbeagentur gute Arbeit geleistet hat.

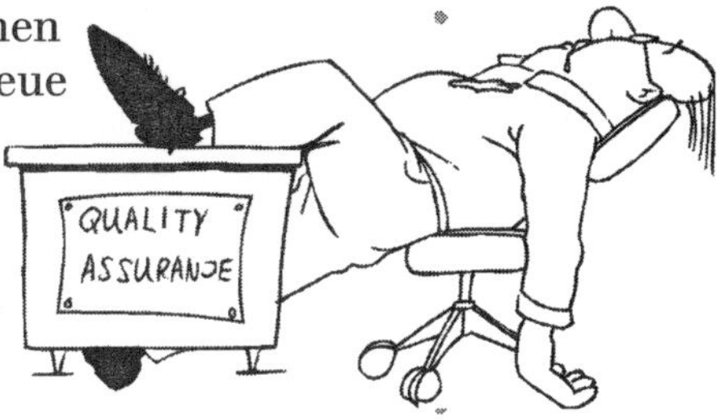

Wenn wir den Umsatz steigern wollen, müssen wir weiterhin mit ihr zusammenarbeiten." Eine Gegenrede, und schon schwillt uns der Kamm. Wir sind seit Monaten gewiß, daß die alte Werbeagentur nur verstaubte Ideen produziert, ein überkommenes Image pflegt und alles andere als kreativ ist, aber der Kollege, der dummerweise mehr zu sagen hat als wir, will sie weiter im Boot haben, weil er dort einen Spezi sitzen hat. Die Durchsetzung unseres Willens ist gefährdet.
„Wir haben intensive Trendforschungen angestellt. Unsere neue Produktlinie liegt ganz in dem sich abzeichnenden neuen Trend." „Ich glaube nicht. In ein, zwei Monaten wird der Markt wieder die herkömmlichen Produkte nachfragen." Und wieder meldet sich der Kamm. Wir beobachten seit Monaten die Entwicklung des Marktes, aber der Kunde, von jeglicher Fachkenntnis ungetrübt, glaubt, wieder einmal besser zu wissen, wohin der Hase läuft.
Doch wir sind auf den Kunden angewiesen. Aufbrausen wäre fatal. Was tun? In solchen Situationen ist es ratsam, an einen kleinen, aber feinen Unterschied zu denken:

Meinungen annehmen heißt nicht
Meinungen übernehmen.

Im Kindesalter bedeutete das Wort der Eltern eine klare Weisung. „Ich will noch nicht ins Bett." „Doch, kleine Kinder müssen jetzt ins Bett." „Liebe Mama, ich toleriere Deine Auffassung über den rechten Einschlafzeitpunkt eines Kindes. Gleichwohl vertrete ich eine andere These und werde zu späterer Zeit ins Bett gehen." Solche Sätze wären uns nie über die Lippen gekommen. Zum einen, weil sie uns nie in den Sinn gekommen wären, und zum anderen, weil sie uns unserem Ziel kaum nähergebracht hätten. Kinder können trotzen und schmollen, aber im Streit mit den Eltern siegt deren Meinung über ihre. Die Erinnerungen an die vielen kleinen Niederlagen jener Zeit prägen unser Verhalten im Erwachsenenalter. Wir reagieren gefühlsbetont. Wir verwischen die Grenzen zwischen Übernahme und Annahme. Übernehme ich die Meinung eines anderen, dann mache ich sie mir zu eigen. Nehme ich seine Meinung aber nur an, dann bedeutet dies, daß ich sie zwar zur Kenntnis nehme, aber selbst entscheide, ob ich sie übernehme oder zurückweise.

Konträre und kontradiktorische Meinungen

In der Logik werden einander widersprechende Aussagen in konträre und kontradiktorische Aussagen unterteilt. Die Sätze „Das Band ist gelb" und „Das Band ist blau" sind konträre Sätze. Sie widersprechen einander. Aber die Verneinung des einen Satzes ist nicht notwendigerweise gleichbedeutend mit der Aussage des anderen Satzes. D. h., der Satz „Das Band ist nicht gelb" kann bedeuten, daß das Band blau ist. Aber er kann auch bedeuten, daß das Band rot ist oder eine andere Farbe hat. Es gibt sozusagen mehr als nur ein Entweder-Oder.
Bei kontradiktorischen Sätzen ist das anders. Dort gibt es nur ein Entweder-Oder. Die Verneinung des einen Satzes ist notwendigerweise gleichbedeutend mit der Aussage des anderen Satzes. So sind z. B. folgende Sätze kontradiktorisch: „Der Fisch ist tot" und „Der Fisch lebt". Ein Fisch kann entweder leben oder tot sein. Mehr ist für ihn nicht drin. Eine dritte Existenzform kann er nicht annehmen. Wird einer der beiden Sätze

verneint, dann sagt er dasselbe aus wie der andere Satz. „Der Fisch ist nicht tot" sagt genau dasselbe aus wie der Satz „Der Fisch lebt".

Schön, soviel zur Logik. Aber was heißt das für den Umgang mit fremden Meinungen? Sehr viel!

Wenn wir einer anderslautenden Meinung unterstellen, sie sei zu unserer kontradiktorisch, dann haben wir guten Grund zur Annahme, daß sie unserem Willen sehr gefährlich werden kann, weil alles auf ein Entweder-Oder hinausläuft. Entweder folgen wir ihr oder unserer Meinung. Anders ist es, wenn eine fremde Meinung zu unserer lediglich konträr ist. Dann ist es durchaus möglich, daß es noch dritte, vierte, fünfte und andere Meinungen geben kann, die unserer Meinung zwar widersprechen, aber nicht alles, was wir wollen, ausschließen. Wenn das Band weder gelb noch blau ist, sondern grün, dann haben wir ein Unentschieden der Meinungen. Beide sind gleich weit von der Wahrheit entfernt. Und da in grün sowohl gelb als auch blau steckt, hat jeder ein „bißchen" recht.

Partnerschaftlicher Dialog mit unterschiedlichen Meinungen heißt also: Die Meinung des anderen als konträr zur eigenen Auffassung zur Kenntnis nehmen und nach Alternativen Ausschau halten, die sowohl meinem Willen wie dem des anderen gerecht werden. Diese Gesprächseinstellung ist kein Selbstzweck. Sie ist auch kein Schmusekurs. Sie entsteht aus dem Respekt vor der Meinung des anderen und dem Wunsch nach argumentativer Gesprächsführung zur Durchsetzung des eigenen Willens unter Berücksichtigung des fremden Willens. Sie resultiert aus der Überlegung, daß zwei Partner nur dann ein gemeinsam beschlossenes Ergebnis in die Tat umsetzen werden, wenn beide von der Umsetzung eine Verbesserung des Status quo erwarten, und gründet auf der Erkenntnis, daß letztlich nur der langfristig überzeugen kann, der die besseren Argumente hat.

Rhetorik wird gelegentlich als Überzeugungskunst interpretiert, die an den Instinkt appelliere und den Verstand überrumpele; darin liege ihr Erfolgsgeheimnis. Daß die Rhetorik zu diesem Zweck genutzt werden kann, wird hier ebenso wenig bestritten wie die Tatsache, daß Überzeugungskunst kurzfristigen Erfolg haben kann. Wer aber einen anderen unter Umgehung dessen Verstandes für seine eigenen Ziele gewinnt, kann kaum dauerhaften Erfolg etablieren. Sobald der Zufall es für angebracht hält, die Vernunft des anderen wachzurütteln, hat die Kurzfristigkeit den Erfolg eingeholt. Der vormals Überzeugte glaubt nun, er wäre hinters Licht geführt worden (was möglicherweise sogar stimmt), und wird uns fortan schlecht gesinnt sein.

Man kann vielen Menschen eine lange Zeit
etwas vormachen, aber man kann nicht allen Menschen
alle Zeit etwas vormachen.
(Abraham Lincoln)

Das Erfolgsgeheimnis des partnerschaftlichen Dialogs
liegt darin, daß sein Ergebnis beiden nutzt.

Es liegt in unserem ureigenen Interesse, einem anderen nur das vorzuschlagen, das nicht nur meine, sondern auch seine Lage verbessert. Wenn ich das professionell tun will, dann werde ich den Vorteil des anderen in meine Gesprächsvorbereitung einbeziehen. Ich werde nach den Vorteilen suchen, die ihm mein Vorschlag bringen kann. Bei der Gelegenheit kann ich sorgsam prüfen, ob meine Ziele eine berechtigte Aussicht auf Erfolg haben oder angesichts überwiegender Nachteile für den anderen revidiert werden müssen.

Wenn wir Gespräche, insbesondere Besprechungen, vorbereiten, dann gehören folgende Arbeitsschritte zu unserer Routine:

- Besprechungsthemen festlegen.
- Besprechungspartner wählen.
- Besprechungszeitpunkt bestimmen.
- Besprechungsdauer festlegen.
- Besprechungsort festsetzen.
- Lösungsvorschläge erarbeiten.
- Lösungsvorschläge anderer einholen.
- Tagesordnung festlegen (wichtiges nach vorn).
- Besprechung einberaumen.

Aber einen wichtigen Arbeitsschritt vergessen wir dabei:

❍ Lösungsvorschläge kunden- beziehungsweise mitarbeiterfreundlich aufbereiten.

Wir denken zu wenig daran, wie unser Vorschlag beim anderen ankommt, was ihm daran gefallen und mißfallen wird. Die mangelnde Vorbereitung in dieser Frage trägt oftmals wesentlich zum Scheitern der Besprechung bei. Die Folge: die Durchsetzung unserer Ziele ist gefährdet. Diese Gefahr können wir abwenden, indem wir im Vorfeld der Besprechung die Vorteilhaftigkeit unseres Vorschlags für den anderen analysieren und zum Gegenstand des Gespräches machen. Viele Führungskräfte gestalten ihre Dialoge selbstzentriert. Sie werben sogar in Kundengesprächen vorrangig um das Verständnis für die eigene Position. „Überlegen Sie doch einmal, was es für uns hieße, wenn wir Ihrem Vorschlag zustimmten." „Nein, nein, diese Lösung ist für uns nicht mehr lukrativ genug. Schlagen Sie etwas anderes vor." „Wo bleibt denn unser Gewinn bei der Sache?" „Sie müssen sich mal in unsere Lage versetzen." All dies mag nicht ganz ohne Wirkung sein. Aber: Kein Kunde ist daran interessiert, daß der Anbieter ein lukratives Geschäft mit ihm abschließt. Denn schließlich muß er es bezahlen. Kein Kunde fragt nach dem Gewinn des Anbieters, sondern nach seinem eigenen. Und kein Kunde muß sich in die Lage des Anbieters versetzen. Was oder wer könnte ihn dazu zwingen?

Nach ähnlichem Schema werden die Mitarbeitergespräche geführt: „Eine Gehaltserhöhung kann die Firma dieses Jahr beim besten Willen nicht verkraften. Unsere Rücklagenbildung ist ohnehin schon äußerst gefährdet." „Was bringt es mir, wenn ich jeden jedes Jahr befördere? Wissen Sie eigentlich, daß unsere Gewinne im letzten Jahr um 14% zurückgegangen sind?" „Wo kämen wir hin, wenn wir jedem Wunsch nach einem größeren Büro nachkämen?"

Das eigene Portemonnaie ist dem Mitarbeiter nun mal näher als die Rücklagen der Firma. Ihn interessiert auch

kaum, welchen Vorteil der Vorgesetzte hat, wenn er ihn befördert, und ob er andere ebenfalls zu befördern hat. 14 % Gewinnrückgang heißt für ihn, daß das Unternehmen nach wie vor Gewinne macht – mit seiner Arbeit. Ihn schert auch recht wenig die rein hypothetische Frage, was geschähe, falls alle größere Büros forderten. Kurz: Wem das Wasser bis zum Hals steht, der hat kein Ohr für die, welche über nasse Füße klagen. Er will, daß der Vorgesetzte sein Anliegen nicht abblockt, sondern ernstnimmt und mit ihm nach Lösungen Ausschau hält. Und wenn sein Vorschlag unannehmbar ist, will er nicht durch Allgemeinplätze oder Hinweise auf das ominöse Firmeninteresse, das seinem entgegensteht, sondern durch objektive Sachargumente überzeugt werden.
Ein früherer Bundesminister und Verfassungsrechtler pflegte unliebsame Fragen von Journalisten mit einem nachdenklichen Schweigen, einem bedeutungsschwangeren Blick und dem Hinweis „Das ist mit der Verfassung nicht zu machen“ zu beantworten. Ein hochbesoldeter und pensionsgesicherter Beamter kann sich diese Platitüden leisten, im Wettbewerb stehende Unternehmer und Manager können dies nicht.

Ein Blick sagt mehr als tausend Worte

Ob in Mitarbeitergesprächen oder in anderen Situationen: oft stellen wir selbstzentrierte Fragen, ohne den Gesprächspartner verständnislos behandeln zu wollen. Aber an dessen Blick und Gesichtsausdruck können wir die Wirkung unserer Frage geradezu ablesen. Um Ungewolltes zu revidieren, ist der dauernde Blickkontakt mit dem Dialogpartner unerläßlich. Der Blick in die Augen signalisiert zudem „Ich habe nichts zu verbergen“ und baut Vertrauen auf.
Wenn unser Blick unerwidert bleibt, dann vermuten wir – meist zu recht –, daß unser Gegenüber abwesend ist. Seine Gedanken haben ihn an einen anderen Ort verschlagen. Und seine Augenstellung kann uns verraten, wohin. Jemandem einen Wunsch von den Augen abzulesen, ist schwer, aber den Ort zu lokaliseren, an dem sein Gemüt und seine Gedanken verweilen, ist relativ leicht. Die Befindlichkeitsgeographie kennt fünf Orte. Sie

heißen Dialog, Phantasie, Erinnerung, Gefühl und Selbstgespräch.
Wer im Gespräch den Blickkontakt sucht und aufrechterhält, ist aufmerksam bei der Sache. Er steht voll und ganz im Dialog. Wenn der Gesprächspartner (aus unserer Sicht) nach rechts oben schaut, dann schreitet er in Gedanken seine Erinnerungen ab. Wandern seine Augen nach links oben, dann streift er durch seine Phantasie. Augen links unten bedeuten, daß er in seiner Gefühlswelt gefangen ist. Jetzt ist behutsames Weiterfragen geboten. Stehen seine Augen rechts unten, dann führt er einen inneren Dialog. Jetzt stören wir ihn am besten gar nicht oder nur sehr vorsichtig.
Bei Linkshändern gilt manchmal das seitenverkehrte Schema. Das erschwert zwar die Lokalisierung der Befindlichkeit unseres Gesprächspartners, stellt partnerschaftliches Dialogverhalten aber vor keine besonderen Herausforderungen. Die Frage, ob die Augen nach links oder rechts schauen, ist für unser Gesprächsverhalten weniger wichtig als die Frage, ob sie nach oben oder unten blicken. Denn aus der Phantasie und Erinnerung kommen unsere Dialogpartner meist rasch und von alleine zurück. Bei Selbstgesprächen und Gefühlswallungen sind sie im stärkeren Maße abwesend und kaum in der Lage, alleine zum Dialog zurückzukehren. Sie sind durch eigene Emotionen blockiert, und wir können ihnen durch einfühlsame Gesprächsführung helfen, den Weg zur Unterhaltung wiederzufinden.
LESLIE CAMERON-BANDLER, WIEDER ZUSAMMENFINDEN, PADERBORN, JUNFERMANN VERLAG

Ich habe es ihnen schon tausend Mal gesagt

Moritz W. sagte mir, er verstehe die Welt nicht mehr; er erlebe es oft, daß er seinen Mitarbeitern Anweisungen mehrfach erteilen müsse, weil sie selten befolgt würden. „Ich habe es ihnen schon tausend Mal gesagt, aber sie tun es doch nicht.“ Die Frage, ob er bei seinen Anweisungen seinen Mitarbeitern in die Augen schaue und sie ihm, verneinte er und

meinte, er sei über die Mißachtung seiner Anordnungen jedesmal so zornig, daß er fürchte, ausfallend zu werden, wenn er in die Gesichter seiner Mitarbeiter schauen müßte. Daher bevorzuge er es, beim Reden zur Seite zu schauen und das, was er zu sagen habe, möglichst schnell zu übermitteln. Ich machte ihn darauf aufmerksam, daß seine Mitarbeiter während seiner Anordnungen womöglich geistig abwesend wären, was er an deren Augenstellung überprüfen könne, und daß es sinnvoll sei, wichtige Botschaften langsam statt schnell zu vermitteln. Beim nächsten Meeting bestätigte er meine Vermutungen. Er hatte einen seiner führenden Mitarbeiter etwas aufgetragen und dabei angesehen, aber kein Blick-Feedback erhalten. Auf seine Frage, warum er ihn nicht anschaue, hatte der Mitarbeiter entgegnet, daß er das nie tue, weil der Chef ihn auch nie eines Blickes würdige. Ob das wirklich immer so sei, hatte er daraufhin wissen wollen, Ja, das sei immer so, hatte dieser dann geantwortet und ihm im Verlaufe der weiteren Unterhaltung noch einiges eingestanden: die Anweisungen seien meist viel zu umfangreich oder kompliziert, um auf Anhieb verstanden oder gar behalten zu werden; anfängliches Nachfragen habe er bald aufgegeben, weil er nie eine brauchbare Antwort erhalten habe, was ihn stets frustrierte; der Chef habe immer nur verkündet und sei dann weggegangen, was ihm das Gefühl gegeben habe, Handlanger zu sein. Er habe dann nach der Devise gehandelt: Der Chef wird sich schon melden, wenn etwas danebengeht.

Jetzt hatte der Chef sich gemeldet, weil immer etwas danebenging. Und heute weiß Moritz W., daß seine Anweisungen als Chef deshalb mißachtet wurden, weil er sie falsch übermittelt hatte. Mittlerweile nimmt er sich für seine Anordnungen Zeit. Er spricht langsamer und schaut seine Mitarbeiter an. Er ermutigt sie zu Verständnisfragen und sichert den vollständigen Empfang seiner Botschaften durch Rückfragen. Der Mehrbedarf an Zeit fällt kaum ins Gewicht. Seine Aufträge werden nahezu fehlerfrei erledigt. Das spart Moritz W. Zeit, Geld und Nerven.

Schau mir in die Augen, Kleines

Was die Stellung der Augen über die momentane Verfassung einer Person aussagt, können Sie mit einem kleinen Fragespiel herausfinden. Es ist wichtig, daß der Mitspieler den dabei benutzten Fragebogen nicht sieht. Lesen Sie ihm die erste Frage laut vor, und lassen Sie ihn antworten. Beobachten Sie, wohin seine Augen (aus Ihrer Sicht) beim Nachdenken wandern. Halten Sie ihre Beobachtung fest, indem Sie ein Kreuz in dem dafür vorgesehenen Feld machen. Notieren Sie erst danach in kurzen Stichworten die Antwort Ihres Gesprächspartners. Wiederholen Sie das Ganze für die übrigen Fragen.

1 Welche Farbe hat Ihr Schreibtisch?	❍	❍	❍	❍	❍
2 Worüber haben Sie sich zuletzt aufgeregt?	❍	❍	❍	❍	❍
3 Wie könnte eine Concorde mit Kohlohren aussehen?	❍	❍	❍	❍	❍
4 Was beschäftigt Sie zur Zeit?	❍	❍	❍	❍	❍
5 Wie hieße der Western, in dem Sie die Hauptrolle spielten?	❍	❍	❍	❍	❍
6 Sie werden Finanzminister und dürfen drei Steuern abschaffen. Welche?	❍	❍	❍	❍	❍

Der Wert dieses Fragespiels liegt in erster Linie darin, daß es Ihre Beobachtungsgabe schult. Die Individualität des Erfahrungshintergrundes macht es wahrscheinlich, daß die Menschen, die Sie befragen werden, unterschiedlich reagieren werden. Die Art der gewählten Fragen legt allerdings eine bestimmte Verteilungshäufigkeit unter den Antworten nahe. Frage 1 zielt offensichtlich auf die Erinnerung, Nummer 2 läßt

Gefühle aufleben, die dritte Frage regt die Phantasie an, während die vierte Anlaß zum Selbstgespräch gibt. Die Fragen 5 und 6 bemühen primär die Phantasie und geben dem Spiel eine gewisse Leichtigkeit.

Partnerschaftlicher Dialog: Wozu?

Was erfolgreichen partnerschaftlichen Dialog auszeichnet, wissen wir nun: Klare Worte und Signale, aktives Zuhören und gezieltes Rückfragen, Überzeugen durch Argumente und gemeinsames Suchen nach verträglichen Lösungen. Und wir wissen nun auch, was er uns beschert:

- Partner, die unseren Willen respektieren, weil wir ihren respektieren und unseren klar äußern;
- Partner, die uns ernstnehmen, weil wir sie ernstnehmen;
- Partner, die gemeinsame Abmachungen einhalten, weil sie gemeinsam getroffen, aus Argumenten gereift und beiden Parteien nützlich sind.

C

Ich mache, was ich will

Nach den vorangegangenen Kapiteln wird wohl niemand erwarten, daß hier der reinen Willkür das Wort geredet würde. In der Tat ist mit der Überschrift, die dieses Kapitel ziert, etwas anderes gemeint: Tun Sie, was Sie für richtig halten, tun Sie, was Ihnen wert ist, getan zu werden!

1. Der Wert der Werte

„Werte muß man wollen, sonst sind sie nichts wert." An dieser These ist viel Wahres dran. Wir (wert)schätzen nur solche Werte, die wir wollen. Erzwungene Solidarität ist in diesem Sinne wertlos, genauso wertlos wie erzwungene Liebe.

Die Werte, die in diesem Kapitel empfohlen werden, verfügen über zwei Eigenschaften, die sie erstrebenswert machen. Zum einen fügen sie keinem anderen Schaden zu. Sie respektieren die Selbstbestimmung, das Eigentum und die Würde der anderen Menschen. Insofern können wir erwarten, daß auch sie respektiert werden. Zum anderen bieten sie uns die große Chance zu einem erfüllten und glücklichen Leben. Die erste Eigenschaft gilt vor allem für die Gerechtigkeit und die Toleranz, die zweite für den Mut.

Das ist mir lieb und teuer

Mancher mag hier bestimmte andere Werte vermissen, Werte, die ihm lieb und teuer sind, z. B. Großherzigkeit, Mitleid, Solidarität u. ä. Warum sie hier ausgeklammert sind, verdient eine Erklärung. Beginnen wir mit einer Beobachtung.

Ob Großherzigkeit, Mitleid, Solidarität dem, der sie erweist, etwas bringen, ist ungewiß. Daß sie ihm etwas nehmen, ist hingegen gewiß. Deshalb wäre es höchst fahrlässig, einem Unternehmen unbedarft zu solchen Tugenden zu raten. Freigebigkeit gegenüber Dritten kann zum Schaden oder gar zum Ruin einer Firma führen. Auf jeden Fall entzieht sie einem Unternehmen Mittel, die den eigenen Mitarbeitern hätten zugute kommen können. Firmen können ihre Preise nun mal nicht so kalkulieren, daß ein größerer Posten für Mildtätigkeit übrigbliebe. Der Wettbewerb würde sie schnell eines Besseren belehren.

Großherzigkeit, Mitleid, Solidarität sind Werte, die im Privatleben ihren Platz haben, nicht aber im Geschäftsleben. Es ist Sache des einzelnen, freigiebig zu sein oder nicht. Und es ist seine Sache, zu entscheiden, wem er Mitgefühl entgegenbringen und wem er zur Seite stehen kann und möchte. Wir können einem Kollegen helfen, einem Freund, einem Familienmitglied oder einem Fremden. Ob und wem wir beispringen, ist unsere Privatsache. Und jeder hat selbst zu entscheiden, was ihm Werte wie Großherzigkeit, Mitleid, Solidarität „wert" sind und ob er nach ihnen handeln soll oder nicht.

Der geizige, herzlose und anteilnahmslose Zeitgenosse mag zwar weniger Ansehen genießen als sein großzügiges, warmherziges und solidarisches Pendant, aber er fügt uns durch seinen Lebensstil keinen Schaden zu. Also kann er erwarten, daß wir ihn tolerieren.

Für die Werte Großherzigkeit, Mitleid und Solidarität gilt etwas, das für den Wert „Gerechtigkeit" nicht gilt: Das Gegenstück zur Gerechtigkeit ist die Ungerechtigkeit. Der Ungerechte fügt uns einen Schaden zu, indem er uns ungerecht behandelt. Daher kann er nicht erwarten, daß wir seinen Lebensstil tolerieren. Auch der Intolerante, der uns nicht leben läßt, wie wir wollen, kann nicht auf unsere Toleranz hoffen.

All das gilt im Privatleben wie im Geschäftsleben. Das Recht spiegelt diesen Zusammenhang wider. Es bestraft, wer unrecht handelt, läßt aber die gewähren, die geizig sind. Es bestraft Intolerante, die andere Menschen von deren Lebensstil abhalten, erhebt aber keinen Einspruch gegen Anteilnahmslosigkeit.

Reden ist Silber, handeln ist Gold

Wer partnerschaftlich redet, muß noch lange nicht partnerschaftlich handeln. Der Gleichklang zwischen beiden

verlangt die Ausrichtung des Handelns nach bestimmten Werten: Toleranz, Vertragstreue sowie der Respekt vor fremdem Eigentum und der Freiheit anderer Menschen gehören ebenso dazu wie Gerechtigkeit und Achtung der Menschenwürde. Leider werden diese Werte häufig bis zur Unkenntlichkeit uminterpretiert und somit mißachtet. Die Unwilligkeit, ungebührlich auftretende fremde Personen in meinem Haus länger zu dulden, wird dann plötzlich zur Intoleranz, Vertragsbrüche und die unerlaubte Nutzung fremden Eigentums zu Kavaliersdelikten und jede Vermögensumverteilung im Namen der „sozialen" Gerechtigkeit zum Ausdruck der „sozialen" Verpflichtung des Eigentums. Überhaupt gilt nur noch als gerecht, was „sozial" gerecht erscheint, und menschenwürdig nur ein Dasein, für das andere aufkommen müssen.
In dieser entstellten Weise haben die genannten Werte ihren ursprünglichen Sinn längst verloren. Aber wir können ihn wiedergewinnen. Und dann erhalten wir auch die Werte zurück, die einen partnerschaftlichen Umgang mit anderen kennzeichnen und die Grundlage für einen langfristigen Erfolg bilden. Die folgenden Überlegungen gelten der Frage: Wie tun sie das?

Ich wünsche Ihnen alles Gute

Wenn wir von den Meldungen der Medien auf die Moralität der Menschen schließen würden, dann kämen wir wohl kaum umhin, die Menschheit verdorben zu nennen. Krieg, Raub, Mord und Totschlag geistern durch die Gazetten und verbreiten das Bild vom durch und durch schlechten Menschen. Wir wissen allerdings, daß Untaten weit mehr faszinieren als Wohltaten. Eine verwerfliche Handlung schlägt uns mehr in ihren Bann, als es tausend gute Taten könnten. Eine Lüge reicht, um einen Menschen Lügner zu nennen. Aber für den, der tausend Mal die Wahrheit spricht, haben wir keinen Namen. Das Seltene ist bemerkenswert, nicht das Gewöhnliche. Für gewöhnlich sind wir gut. Wir sagen viel öfter die Wahrheit als wir lügen. Wir zahlen viel öfter unsere Zeche als wir sie prellen. Wir halten viel öfter Frieden mit unserem Nachbarn als wir ihn brechen usw.

Rein statistisch betrachtet, können wir sagen: Der Mensch ist gut. Warum eigentlich? Warum ist der Mensch gut? Vielleicht deshalb, weil das Gute zweckrational ist? Es ist umständlich, dauernd zu lügen, Zechprellerei führt ins Gefängnis, und Krieg gefährdet das eigene Leben. Aber: Ehrlich währt am längsten.

„Aber, aber“, höre ich den einen oder anderen Leser einwenden, „wie kann man ernsthaft behaupten, der Mensch sei gut. Ich erlebe doch Tag für Tag das Gegenteil: Steuerhinterziehung, Versicherungsbetrug, Diebstahl, Unterschlagung und andere Delikte nehmen Jahr für Jahr zu, und kein Tag vergeht, an dem nicht einer an meinem Stuhl sägt oder Verleumdungen über mich ausbreitet.“

Richtig, wir erleben täglich – und nicht erst seit Ulrich Wickert –, daß der Ehrliche oft der Dumme ist. Wer gegenüber dem Vorgesetzten den Anteil des Kollegen am gemeinsamen Arbeitsergebnis schmälert und den eigenen Part über Gebühr hervorhebt, ist besser dran als der Ehrliche, der alles so darstellt, wie es ist. Arbeitszeugnisse werden verschlüsselt formuliert („Er hat sich bemüht“ heißt letztlich: „Er ist gescheitert“), Bilanzen ergebnisorientiert verfaßt (euphemistische Umschreibung für: gefälscht), Informationen gezielt zurückbehalten oder getürkt in Umlauf gebracht, um bestimmten Personen zu schaden. All das kennen, erleben und erleiden wir.

Der Mensch ist gut, aber er ist auch gut im Schlechten. Geschickt vertuscht er seine Schandtaten, spinnt aufs Sorgfältigste seine Intrigen und ist stets bemüht, den Schein des Saubermanns zu wahren. Ähnlich wie Voltaire, der meinte, er glaube zwar nicht an Gott, sei aber froh, daß sein Diener es tue, so sagt auch der Intrigant, er glaube zwar nicht, daß Ehrlichkeit am längsten währe, sei aber froh, daß die anderen es glaubten. Deshalb liegt ihm viel daran, ehrlich zu wirken.

Mitte der neunziger Jahre spielte Götz George in einem Film einen skrupellosen Geschäftemacher. Der Streifen hieß *Das Schwein.* Er endete mit der Verleihung des Bundesverdienstkreuzes an den rücksichtslos operieren-

den Emporkömmling, dem jedes Mittel recht war, das ihn nach „oben“ brachte. Er hatte alles erreicht, nur der Ruhm hatte ihm noch gefehlt. Jetzt wurde er ihm zuteil. Das „Schwein“ wurde geehrt. Es versinnbildlichte die ursprüngliche Bedeutung des Begriffs „Ehrgeiz“, die treffender im Wort „Ehrsucht“ zum Ausdruck kommt. Der Ehrsüchtige sucht nach Ehre, er geizt nicht mit ihr. Er will, daß die anderen ihn rühmen, weil er das Ansehen genießen will. So wie der Dieb die Gesellschaft der Ehrlichen liebt, weil diese ihn nicht bestehlen, so wie der Mörder die Friedfertigkeit mag, die ihn unbesorgt schlafen läßt, so will der Ehrsüchtige die Gesellschaft der Ehrwürdigen, weil sie ihn nicht betrügt.
Der Ehrsüchtige verkennt aber das Band zwischen dem ehrbaren Tun und dem Ehrerweis. Nur wenn dieses Band intakt ist, kann die erwiesene Ehre uns dauerhaft mit Stolz erfüllen. Ehre ohne Ehrbarkeit ist wertlos. Instinktiv wissen wir das.
Bei der Klassenarbeit gemogelt, der Oma Blumen geschenkt, die wir kurz zuvor in ihrem Garten gepflückt hatten, Tante Emma vorgelogen, das Kleingeld für den Kaugummi stamme aus dem eigenen Taschengeld und verdanke seine Existenz nicht dem schnellen Griff ins mütterliche Portemonnaie: wer kennt das nicht? Wir alle haben unsere Kindheitserinnerungen mit der Versuchung, gelobt zu werden, gemacht. Wir alle kennen auch das schale Gefühl, das uns jedesmal beschlich, wenn wir unverdient Lob einheimsten. „Toll Beate, endlich mal eine gute Note.“ „Karl-Heinz, Du bist doch ein guter Junge. Bringst Deiner alten Oma einen Strauß Blumen mit.“ „Guter Felix, so sparsam. Das lobe ich mir. Hier hast Du noch einen Dauerlutscher extra.“
An den Empfindungen aus Kindertagen hat sich nichts geändert. Auch als Erwachsene empfinden wir nur wenig Freude am unverdienten Ruhm. Nur der Idiot und der Stumpfe leben in dem Wahn, die Entstehung sei für die Ehre unerheblich. Wer will ihnen darin nacheifern?
Das Gute und das Schlechte im Menschen, die Ehre und die Ehrsucht: sie machen auf ihre Art auf die Widersprüchlichkeit aufmerksam, der wir Menschen bei der Gestaltung unseres moralischen Lebens ausgesetzt sind. Keiner ist ganz frei von „läßlichen Sünden“, aber nur

wenige sind hoffnungslos schlecht und verlogen. Eine gute Kinderstube bringt die meisten Menschen auf den rechten Pfad der Tugend, zu dem sie, sollten sie sich gelegentlich einmal verirrt haben, immer wieder recht mühelos zurückfinden. Mit der Muttermilch haben wir nicht nur die Manieren, sondern auch die Moral aufgenommen, und in Zweifelsfällen sind wir meistens gut beraten, uns auf sie zu besinnen.

Die Misere der Moral, die Anlaß zu diesem Kapitel gibt, hat ihren Ursprung nicht in der Kinderstube, sondern in der Entwicklung von der Kleingruppe zur Großgruppe.

Leiter von Personalabteilungen lesen jährlich Tausende von Bewerbungen und führen Hunderte von Gesprächen mit Applikanten. Sie sehen die meisten Kandidaten nur ein Mal. Und trotzdem: Jede Absage beenden sie mit dem Satz, daß sie dem Bewerber für dessen weiteren Weg alles Gute wünschen. Warum? Wahrscheinlich wird er ihnen nie mehr in ihrem Leben begegnen. Nur eine Floskel? Weil alle so schreiben? Vielleicht. Aber Routine und Konvention dürften wohl nur einen Teil erklären. Eine weitere Ursache ist im Bodensatz menschlichen Verhaltens zu suchen. Wir neigen nun einmal dazu, am Schicksal anderer Menschen Anteil zu nehmen, selbst am Fatum jener, die wir nur flüchtig oder gar nicht kennen. Warum ist das so?

Die Antwort auf diese Frage ist in der Entwicklungsgeschichte des Menschen zu suchen. Das Leben unserer Vorfahren in kleinen Horden hatte eine Art Kuschelmoral hervorgebracht. Die Primaten waren lieb zu denen, die sie kannten, und nur böse zu denen, die Ihnen Böses wollten. Das Schicksal fremder Artgenossen war ihnen gleichgültig.

Die zwei Moralen

Der Ökonom und Philosoph Friedrich August von Hayek (1899-1992) glaubte, daß die Moral der Menschen durch Traditionen, Sitten und Gebräuche weitergegeben werde und daß die Gruppengröße die moralischen Regeln entscheidend präge. Er verwies darauf, daß die Primaten in Jahrhunderttausenden in nahezu konstanten Größenordnungen lebten. Meistens zogen sie in Horden umher, die 20-40 Mitglieder hatten. Solidarität, Zuneigung und Wärme hielten sie zusammen, Sorgfalt, Vertrauen und Mitgefühl gaben ihnen die nötige Geborgenheit, um in einer feindlichen Umwelt bestehen zu können.
Die über sechs Milliarden Menschen, die unseren Erdball heute bevölkern, haben uns näher zusammenrücken lassen. Wir leben in einer Großgesellschaft. Der Stadtmensch sieht täglich mehr fremde als bekannte Gesichter. Und sein ererbtes moralisches Empfinden hat den Sprung von der Kleingruppe zur Großgesellschaft mitgemacht. Seine Gefühle und Empfindungen sind so, als lebte er noch in der „Face-to-Face-Society" (in der Gemeinschaft, in der sich alle von Angesicht zu Angesicht kennen). Die sogenannte „Betroffenheitsmentalität", die einer Margarete Schreinemakers lange Zeit Woche für Woche drei Millionen Zuschauer einbrachte, ist eine von vielen Ausformungen dieses Phänomens. Nur das unbekannte Schicksal kann so weit von uns entfernt sein, daß es uns völlig kalt läßt. Aber von allen bekannten Schicksalen geht uns nur das Schicksal derer nahe, die uns nahestehen.
FRIEDRICH AUGUST VON HAYEK, DIE DREI QUELLEN DER MENSCHLICHEN WERTE, HRSG. VOM WALTER EUCKEN-INSTITUT, VORTRÄGE UND AUFSÄTZE 70, TÜBINGEN, MOHR VERLAG 1979

Der Teufel und das liebe Geld

Neulich erschien mir der Teufel – im Traum, versteht sich. Er war salopp gekleidet, aber an seinen Hörnern gut zu erkennen. Mir war sofort klar, wer er war. War meine Zeit nun gekommen? Ich war über den frühen Besuch überrascht und fragte: „Was willst du von mir? Oder soll ich „Sie" sagen"? „Das „du" ist okay. Warum so argwöhnisch? Ich will gar nichts von dir", antwortete er und lachte höllisch, „wer

weiß, vielleicht will ich dir sogar etwas geben." Er setzte sich zu mir und erzählte eine Geschichte. „Ach", begann er und mimte dabei den Betrübten, „ich habe wieder einmal Krach mit Gott. Ich habe dort unten auf den Philippinen einen Vulkan zum Ausbruch gebracht. Wie du dir denken kannst, ist es auch dem Teufel gelegentlich zu heiß in seiner Hölle. Dann muß er sich Luft machen. Nun ja, die heiße Luft hat den Vulkan zum Kochen gebracht. Das hat viele Menschen das Leben gekostet. Und nun wirft Gott mir vor, es sei schlecht gewesen, so gehandelt zu haben, und außerdem würden die Erdenkinder, die den Vulkanausbruch überlebt haben, solche Aktionen gar nicht schätzen. Was aber noch schlimmer ist, er sagt, ich hätte die Zahl der Toten entgegen unserer Abmachung um genau einen Menschen überschritten. Als ob es auf diesen einen Menschen ankäme." Allem, was der Teufel sagte, hörte ich aufmerksam zu. Es kam mir zwar alles unglaubhaft vor, aber darüber weiter nachzudenken hatte ich keine Zeit, denn der Teufel stieß mich an und raunte mir zu: „He du, träume nicht. Ich möchte dich um einen Gefallen bitten: Unterschreibe diese Erklärung. Unterschreibe, daß es dir um diesen einen Menschen egal ist. Damit tust du mir einen großen Gefallen. Wer weiß, vielleicht kann ich mich einmal revanchieren. So gut stehen deine Karten nicht bei dem dort oben." Ich war ob seiner Worte verstört und zögerte. „Nein", sagte ich schließlich, „so etwas unterschreibe ich nicht." Doch der Teufel steckte nicht sofort auf: „Du kannst ganz sicher sein, daß es ein Mensch war, den du nicht kennst. Du wirst auch nie etwas über ihn erfahren, das schwöre ich, bei meiner Ehre. Auch wenn du es wolltest, du fändest nie heraus, wer dieser Mensch war. Dafür werde ich schon sorgen. Na, was ist? Gib dir einen Ruck. Der Vulkanausbruch war ein Naturereignis. Solche Dinge sind zwischen dem alten Herrn und mir ausgemacht. Niemand könnte uns da hineinpfuschen. Nie könntest du auch nur das geringste gegen solche Naturereignisse ausrichten. Also trägst du keine Schuld an deren Folgen, auch keine nachträgliche. Du kannst also getrost den Tod dieses einen Menschen billigen." Ich war etwas irritiert von alledem, sagte aber kein Wort. „Also gut", fuhr der Teufel fort, der wohl sah, daß ich über seine Bitte recht erstaunt war, „also gut, ich gebe dir Geld für deine Unterschrift. Wieviel willst Du haben? 10 Mark, 100 Mark? Komm, sag schon. 100 Mark für eine Unterschrift ist doch schnellverdientes Geld. Ich brauche nur deine Unterschrift unter eine Tatsache. Ist das zuviel verlangt? Wenn Gott dich bäte, ihm eine Tatsache zu unterschreiben, tätest du es bestimmt umsonst. Wenn er dich bäte zu unterschreiben, daß die Erde rund ist und die Sonne größer als der Mond, hättest du bestimmt keine Bedenken. Und jetzt, da ich dich um den gleichen Gefallen bitte, zierst du dich. Los unterzeichne, du bekommst auch 1.000 Mark, und keiner wird es je erfahren." „Ich träume", dachte ich, „aber wenn ich träume, hat der Teufel recht. Egal was ich jetzt tue, niemand kann es je erfahren, denn ich tue es nur im Traum." Mit all seinem Gerede hatte mich der Teufel nachdenklich gemacht. Ihm schien viel an meiner Unterschrift zu liegen, und ein schlechter Händler schien er auch zu sein. Wahrscheinlich hätte ich problemlos mehr aus ihm herausholen können. Geld hatte er bestimmt genug: 5.000, 10.000, 100.000 Mark. Mein Gott, 100.000 Mark nur für meine Unterschrift, und Schuld am Teufelswerk hätte ich gewiß keine gehabt. Doch konnte ich sicher sein? „Welche Sicherheit kannst du mir bieten, Teufel, daß ich nicht doch irgendwie verantwortlich bin an dem, was du auf den Philippinen verursacht hast, und daß ich nicht am jüngsten Tage dafür zur Rechenschaft gezogen werde?" So, als hätte er auf diese Antwort gewartet, schaute der Teufel gelassen zum Himmel und rief hinauf: „Okay, Gott, du bist dran. Sage du es ihm, mir glaubt er nicht." Kaum hatte er das gesagt, tauchte Gott am Himmel auf. Er sah aus, wie wir ihn von Bildern kennen: alt, weißhaarig und gütig. Er hatte offenbar alles mitgehört, bestätigte, was Satan gesagt hatte, und ließ mich mit meiner Entscheidung allein. „Von den 100.000 Mark könnte man vielleicht 10.000 oder 20.000 Mark für die philippinischen Opfer abzweigen, dann wäre das Gewissen ruhiger", dachte ich und überlegte, welche Vor- und Nachteile der Pakt mit dem

Teufel mit sich brächte. Zu einer Entscheidung bin ich nicht mehr gekommen. Irgendetwas hatte mich vorher aus dem Traum gerissen. Ich weiß nicht, was es war. Als ich über den Traum nachdachte, wurde mir zweierlei klar: Ich kann niemandem, nicht einmal einem Unbekannten, anteilnahmslos gönnen, was das Schicksal über ihn verfügt, aber grenzenlos ist meine Anteilnahme nicht.

Vom Schicksal fremder Menschen gerührt zu sein ist heutzutage unbedenklich. Bedenklich ist in unserer Zeit etwas anderes: Während das Mitgefühl für Fremde wächst, kühlt die Zuneigung zu den uns nahestehenden Personen spürbar ab. Die Oma, deren Pflege lästig geworden ist, wird ins Altersheim abgeschoben, aber vor dem Bildschirm wird heftig mitgelitten, wenn das Leid unbekannter Menschen entblößt wird. Die Kleingruppenmoral verläßt ihren Ursprungsort, nämlich die Kleingruppe, und wandert zur Großgruppe.

Die Kuschelmoral soll weiter den Umgang mit der Familie, den Verwandten und den engen Freunden prägen. Doch das Leben in der anonymen Großgesellschaft verlangt von uns eine andere

Moral, wenn wir es bestehen wollen. Instinktiv wissen wir das, aber viele Menschen halten im Umgang mit Fremden an ihrer vertrauten Moral fest. Das erklärt auch, warum der Sozialismus lange Zeit so erfolgreich war und warum seine Idee auch heute noch viele Menschen fasziniert. Der Sozialismus predigt die Moral der Kleingruppe für die Großgesellschaft. Er verschweigt, daß die Welt von heute zusätzliche Moralregeln braucht, wenn sie alle Menschen ernähren und Wohlstand fördern will.

Die Kuschelmoral kennt nur schwarz-weiß. Wir sind entweder arglos oder argwöhnisch. Wir reagieren nur auf Freund oder Feind. Wir ordnen jeden Fremden in eine der beiden Kategorien ein. Es gibt keinen Mittelweg.

Die Kuschelmoral hat sicherlich ihre Vorteile. Wenn wir Trost spenden, dann können wir das nur durch Sympathiebekundung, Mitleidsäußerungen und ähnliches. Aber abgesehen von solchen Ausnahmefällen, ist die Kuschelmoral im Berufsalltag meistens fehl am Platz. Sie spaltet und polarisiert. „Gehörst du nun zu denen oder zu uns?“ „Die Graphikabteilung hat mal wieder alles verbockt.“ „Typisch EDV!“

Emotionsgeladene Killerphrasen ersetzen die objektive Auseinandersetzung mit Problemen. Wir neigen zu Nachgiebigkeit oder Strenge statt zu Gerechtigkeit.

2. Nicht hart, aber gerecht

Albert B. hatte einen Vertrag mit einem neuen Lieferanten, den dieser aus unvorhergesehenen Gründen zeitlich nicht einhalten konnte. Er räumte ihm eine zusätzliche Frist ein. Auch diese konnte sein Vertragspartner nicht einhalten – wieder einmal aus unvorhergesehenen Gründen. Albert B. drängte daraufhin auf Termineinhaltung und verlangte zeitgleich Preisminderung. Der Lieferant Ludwig Z. klagte ihm daraufhin am Telefon sein Leid: Der Auftrag sei für seine Firma lebenswichtig. Er sei so knapp kalkuliert, daß Ludwig Z. fast drauflege. Eine Preisminderung triebe ihn in den Ruin. Wie Albert B. jetzt so hartherzig sein könne, da er doch wisse, wie schlecht es um Z.'s Firma stehe. Ob er das Ende von ihm wolle und verantworten könne, daß bald 40 langjährige Mitarbeiter auf der Straße stünden. Albert B. ließ von der Preisminderung ab. Er fühlte sich moralisch unter Druck gesetzt. Er glaubte, hartherzig zu sein und wollte Rat für sein weiteres Vorgehen. Er sagte, anfangs habe er daran gedacht, es dem Lieferanten heimzuzahlen, habe sich dann aber schäbig gefühlt, als er merkte, daß er auf Vergeltung sann. Schließlich habe er sich eines Besseren besonnen und erwogen, seinem Lieferanten – sozusagen als Wiedergutmachung – einen günstigen Kredit einzuräumen, weil dieser im Telefon angedeutet hatte, mit seiner Hausbank auf Kriegsfuß zu stehen.

Nachdem Albert B. den Fall geschildert hatte, bat ich ihn, die finanziellen Einbußen zu nennen, die er durch die Lieferverzögerungen erlitten hatte. Er stellte alle direkten und indirekten Kosten zusammen. Die Summe war stattlich. Auf die Frage, was geschähe, wenn er diese Kosten nicht durch Minderung des Lieferungspreises kompensieren könnte, gab Albert B. zu verstehen, daß er sie aus eigener Tasche zu tragen hätte. Daraufhin fragte ich ihn, wem er damit letztlich scha-

den würde, worauf er zur Antwort gab, seinem Betrieb, seinen Mitarbeitern, aber auch seiner Familie. Ob er denn Menschen, die ihm nahestehen, ihm helfen und nichts zuleide getan haben, für etwas bestrafen wolle, das ihm ein Fremder zugefügt habe, wollte ich wissen. Albert B. verneinte. Nun schilderte ich ihm das Verhältnis von Kleingruppenmoral und Großgruppenmoral und machte ihn darauf aufmerksam, daß er davorstand, ein Mitglied der Großgruppe, das ihm unwillentlich einen Schaden zugefügt hatte, unverdient mit Werten der Kuschelmoral, wie Großzügigkeit und Wärme, zu belohnen, und unschuldige Mitglieder seiner Kleingruppe (Familienmitglieder, Betriebsangehörige und sich selbst) zu bestrafen. Ich legte ihm auch dar, wie der Philosoph Aristoteles zwischen Vergeltung und ausgleichender Gerechtigkeit unterschied. Gemeinsam wendeten wir dessen Distinktion auf den vorliegenden Fall an. Albert B. erkannte, daß sein Beharren auf Vertragseinhaltung auf dem Gerechtigkeitsprinzip beruhte und weder Vergeltung noch Härte widerspiegelte. Wir hielten fest, daß der Lieferant seinen Vertragsbruch zwar nicht absichtlich herbeigeführt hatte, ihn aber allein riskiert hatte, und nun die Risikokosten auf Albert B. abzuwälzen versuchte, indem er an dessen Kuschelmoral appellierte. Albert B. wurde klar, daß er im Begriff war, dem Lieferanten gegenüber weich und den ihm nahestehenden Personen gegenüber hart zu werden und bat nun um die Erarbeitung einer Verhaltensweise, die Gerechtigkeit widerspiegeln sollte. Nachdem wir einige Varianten erwogen hatten, entschied er sich für folgendes Modell. Er schrieb dem Lieferanten einen Brief. In diesem legte er die Sachlage wie besprochen dar (allerdings verzichtete er darauf, den Lieferanten mit den philosophischen Theorien des Aristoteles und Hayeks zu behelligen): Verträge seien einzuhalten. Jede Vertragspartei trage für ihren Part das alleinige Risiko. Albert B. sei nicht bereit, die Kosten für das Lieferantenrisiko nachträglich zu übernehmen, da dies seine eigene Firma schädigte. Er verlange nicht mehr als die gerechte Einhaltung des Vereinbarten. Das drohende „Aus“ der Lieferfirma sei in keiner Weise auf ein schuldhaftes Ver-

halten von ihm zurückzuführen. Er sei aber bereit, dem Lieferanten einen Folgeauftrag zu erteilen. Bedingung sei, daß die Kosten, die Albert B. durch die verzögerte Lieferung entstanden waren, darin verrechnet seien. Dieser Vorschlag wende den Bankrott des Lieferanten ab und kompensiere die Kosten, die Albert B. sonst über den Gerichtsweg einzuklagen hätte. Ein Prozeß brächte dem Lieferanten zudem unnötige Gerichtskosten. Der Lieferant willigte ein. Ein Vertrag wurde aufgesetzt und unterzeichnet. Der zweite Lieferauftrag wurde pünktlich erfüllt, ein dritter, vierter und fünfter folgten. Fünf Monate später erzählte Albert B, sein Lieferant habe ihm eingestanden, daß er ihn auf seinen Brief hin verflucht habe, ihm aber heute für sein Entgegenkommen danke.

Katallaxie – wie aus einem Fremden ein Freund wird

Der schon an anderer Stelle erwähnte Friedrich August von Hayek (1899-1992) pflegte die marktwirtschaftliche Ordnung eine Katallaxie zu nennen, weil dieses Wort gleich zwei Merkmale von Marktbeziehungen auf einmal zum Ausdruck bringt. Das griechische Verb „katallatein“ bedeutet sowohl „tauschen“ als auch „einen Fremden zu einem Freund machen“. Schon die alten Griechen wußten, wie sie einem Fremden zu begegnen hatten: weder als Freund, noch als Feind, sondern unvoreingenommen und tauschbereit. Lug und Trug führte zum Abbruch, Ehrlichkeit zur Fortsetzung der Tauschbeziehung und zur gegenseitigen Annäherung. Handelseinigkeit mit einem Handschlag zu besiegeln, ist eine alte Tradition und ein handfester Beweis für die sprichwörtliche Annäherung, die der Tausch bewirkt.

Ein Arbeitsverhältnis ist letztlich nichts anderes als der fortgesetzte Austausch von Geld gegen Dienstleistung.

Achte den Freund, aber ächte den Feind.

FRIEDRICH AUGUST VON HAYEK, RECHT, GESETZGEBUNG UND FREIHEIT, BAND 2, LANDSBERG, MODERNE INDUSTRIE VERLAG 1981

Austeilende und ausgleichende Gerechtigkeit

Der griechische Philosoph Aristoteles (384-322 v. Chr.) hat mit seinem Buch ***Die Nikomachische Ethik*** die Moral der Menschen bis in die heutige Zeit hinein geprägt. Die Tugend der Gerechtigkeit nimmt bei ihm einen besonderen Rang ein. Aristoteles unterschied die austeilende und die ausgleichende Gerechtigkeit, doch hinsichtlich ihrer Anwendung sollten beide einem und demselben Prinzip folgen: sie sollten proportional zur Würdigkeit einer Person ausgeübt werden. Was heißt das?

Die austeilende Gerechtigkeit war für die Verteilung von Ehre und Geld an die Bürger des Staates gedacht. Wer sich um das Wohl der Gemeinschaft verdient gemacht hatte, sollte in dem Maße geehrt und/oder bezahlt werden, wie es seiner Leistung und der sie spiegelnden Würdigkeit entsprach. Die Leistung und die Würdigkeit einer Person hatte die Gemeinschaft zu beurteilen. Heute würden wir sagen, Aristoteles plädierte für eine leistungsorientierte Verteilung.

Die ausgleichende Gerechtigkeit hatte die Aufgabe, die Gerechtigkeit wieder herzustellen, falls diese aus dem Lot geraten war. Hatte jemand etwas gestohlen, dann zwang sie ihn, das Diebesgut wieder zurückzugeben. Nicht das Prinzip der Vergeltung sollte die Menschen leiten, sondern das der Wiederherstellung der Gerechtigkeit.

Aristoteles, Nikomachische Ethik, Philosophische Schriften Band 3, Hamburg, Meiner 1988

Die leistungsorientierte Gerechtigkeitsidee der alten Griechen ist auch heute noch für unser rechtliches und moralisches Empfinden maßgebend. Aber vielerorts, auch bei uns, hat die vermeintliche „Bedürftigkeit“ den Platz der an Leistung ausgerichteten Würdigkeit eingenommen. An die Stelle der leistungsorientierten Zuteilung von Ehre und Geld ist die äußerst fragwürdige bedürfnisorientierte Zuteilung von Gemeinschaftsgeldern (Steuern) getreten, auch unter dem Begriff der Umverteilung bekannt.

Staatliche Zuwendungen bekommt, wer eine Bedürftigkeit glaubhaft nachweisen kann. Sein Beitrag zur Gemeinschaft spielt dabei keine oder nur eine geringe Rolle. Wir kennen das. Die Gerichte entscheiden in

analoger Weise. Wenn Sie schon einmal einen Arbeitsprozeß gegen einen „bedürftigen“ Mitarbeiter geführt haben, dann wissen Sie, was ich meine.

Die austeilende Gerechtigkeit des Aristoteles als auch unser rechtliches und moralisches Empfinden sind außer Kraft gesetzt, wenn nach angeblicher Bedürftigkeit entschieden wird.

Für Aristoteles war die Umverteilung an Bedürftige eine freiwillige Angelegenheit derer, die besser gestellt waren als andere. Ihnen empfahl er, weder verschwenderisch noch geizig, sondern großzügig zu sein.

Die Bedürftigkeitsidee ist nicht nur im Feld der Politik wirksam geworden. Auch im Berufsalltag hat sie viele Anhänger gefunden. Sie unterhöhlt nicht nur deren leistungsorientierte Gerechtigkeitsidee, sondern auch deren Autorität. Denn leistungsorientierte Mitarbeiter werden zugunsten derer verschaukelt, die Bedürftigkeit vorgeben und an die Kuschelmoral des Chefs appellieren. Dies wiederum untergräbt sogar die Moral der loyalsten Mitarbeiter.

Die Rückbesinnung auf die austeilende Gerechtigkeit des Aristoteles verhindert solche gravierenden Führungsfehler. Sie vermittelt die gleiche Distanz bzw. Nähe zu allen Mitarbeitern. Sie führt weder zu einem harten noch zu einem weichen, sondern zu einem gerechten Führungsstil.

Ich wollte auch nicht unsozial sein

Norbert T. hatte seinem Mitarbeiter Tobias M. nach einem einvernehmlichen Gespräch gekündigt. Ein Auflösungsvertrag wurde beschlossen und paraphiert. Doch plötzlich zog Tobias M. andere Seiten auf. Norbert T. habe die Situation ausgenutzt, er aber finde und finde keinen neuen Arbeitsplatz, seine Schulden wüchsen zum Himmel, Norbert T. solle die vereinbarte Abfindungssumme um 15.000 DM erhöhen – kein Pappenstiel für Norbert T., der nach einigen Telefonaten mit seinem Rechtsanwalt (welcher ihn vor der „sozia-

len" Rechtsprechung des örtlichen Arbeitsgerichtes warnte) und Tobias M. die Abfindung schließlich auf 12.000 DM erhöhte.
Nachdem Norbert T. mir den Fall geschildert hatte, schloß er mit den Worten: „Ich denke, das war noch ganz okay so. Ich wollte auch nicht unsozial sein."
Herr T. finanzierte die 12.000 DM, indem er die jährliche Gewinnausschüttung an seine Mitarbeiter kürzte. Eine Infragestellung seines Verhaltens lehnte er ab. Er glaubt auch heute noch, eine „soziale" Entscheidung getroffen zu haben. Dabei hatte er den Gewinn, der verdienten Mitarbeitern auf Grund deren Leistung zugedacht war, einer Person zukommen lassen, die dafür keinerlei Leistung erbracht hatte. D. h., seine Entscheidung war wider Willen höchst unsozial.

Den Menschen würde ich am liebsten ...

Angesichts zahlreicher Berichte über Mobbing im Betrieb könnte man meinen, um die Gerechtigkeit und die Würde des Menschen im Berufsalltag sei es schlecht bestellt. Menschen erzählen, daß andere sie schnitten, fühlen sich in ihrer Ehre und Würde verletzt und wollen ihre Integrität wiederhergestellt sehen.
Es ist leicht, die Würde des Menschen zu verletzen. Aber wie kann ich sie achten? Das Gesetz sagt uns nur, daß wir die Menschenwürde zu respektieren haben. Mehr nicht. „Die Würde des Menschen ist unantastbar. Sie zu achten und zu schützen ist Verpflichtung aller staatlichen Gewalt. Das deutsche Volk bekennt sich darum zu unverletzlichen und unveräußerlichen Menschenrechten als Grundlage jeder menschlichen Gemeinschaft, des Friedens und der Gerechtigkeit in der Welt."
So lauten die ersten beiden Absätze aus Artikel 1 des Grundgesetzes. Mit ihnen wissen wir, wie gesagt, was wir zu achten haben, aber nicht, wie wir es zu achten haben. Wie achten wir die Würde der Menschen, mit denen wir tagtäglich umgehen? Zum Beispiel indem wir andere im Dialog wie Erwachsene behandeln, ihr Selbstwertgefühl achten oder gar bestätigen und sie stets als Subjekte und nie als Objekte behandeln.

Behandle mich nicht wie ein Kind

In der Kommunikationstheorie spielt die sogenannte Transaktionsanalyse eine große Rolle. Sie geht davon aus, daß der Mensch im Gespräch drei unterschiedliche Rollen einnehmen kann: die Kindrolle, die Elternrolle und die Erwachsenenrolle.

In der Kindrolle entfaltet der Mensch kindliche Eigenschaften. Er ist verspielt, spontan, einfallsreich, neugierig, aber auch frech, neidisch, schmollend, trotzig.

In der Elternrolle nehmen wir typische Verhaltensweisen von Eltern an. Wir sind fürsorglich, hätschelnd, aber auch streng, belehrend oder gar bevormundend. In der Erwachsenenrolle sind wir so, wie Erwachsene gerne sind: sachlich, neutral, vernünftig, partnerschaftlich.

Solange Gesprächspartner auf der gleichen Ebene miteinander kommunizieren, treten keine Probleme auf. Erwachsene unterhalten sich vernünftig, Kinder spielerisch, und Eltern reden fürsorglich mit ihrem Nachwuchs. Schwierigkeiten tauchen erst auf, wenn Erwachsene, die miteinander ein Gespräch führen, unterschiedliche Rollen einnehmen. „Mein Gott Müller, haben Sie schon wieder Mist gebaut?" „Entschuldigung Chef, es wird nie wieder vorkommen." Eine typische Gesprächssituation zwischen Elternrolle und Kindrolle. Herr Müller genießt bei seinem Chef offensichtlich kein hohes Ansehen, und dieser behandelt ihn wie ein kleines Kind. Wenn wir der Gesprächsführer sind – und das sollten wir möglichst immer sein – dann liegt es auch in unserem Interesse, darauf achten, daß unser Gesprächspartner mit uns auf einer Ebene steht. Auf diese Weise behandeln wir ihn wie einen erwachsenen Menschen, d. h. eines Menschen würdig. Ein menschenwürdiges Verhalten im partnerschaftlichen Dialog ist immer auch etwas distanziert, weil es die Intimsphäre des anderen wahrt. Unser Dialogpartner wird uns den Respekt vor seiner Intimsphäre immer hoch anrechnen. Es sei denn, er brauchte Trost. Wer Trost sucht, verfällt in die Kindrolle, in der er ein wenig Bemutterung vertragen kann.

Vorsicht ist jedoch vor solchen Menschen geboten, die aus eigenem Antrieb in die Kindrolle schlüpfen, um uns die Elternrolle aufzudrängen. „Die letzten Wochen war ich doch wirklich fleißig und habe viele Überstunden gemacht. Darf ich dafür morgen ausnahmsweise zuhause bleiben, ohne mir dafür einen Tag Urlaub zu nehmen?“ „Na gut, aber nur ausnahmsweise.“ Kinder, die brav waren, kriegen ein Bonbon. Das wissen wir auch noch als Erwachsene, und manche handeln nach diesem Wissen. Geschickt appellieren sie an die Kuschelmoral und erbetteln sich so kleine Geschenke. Daß sie auf diese Weise Gefahr laufen, ihr Selbstwertgefühl zu untergraben, beschäftigt sie kaum.

ERIC BERNE, SPIELE DER ERWACHSENEN, HAMBURG, REINBEK 1967

Selbstwertgefühl

Jeder Mensch hat ein Selbstwertgefühl (SWG) und will, daß es beachtet wird. Wird sein Selbstwertgefühl verletzt, dann blockiert er die weitere Kommunikation. D. h., jeder, der mit einem anderen reden will, muß dessen Selbstwertgefühl achten, am besten beflügeln. Das kann er auf unterschiedliche Weise tun, weil es fünf Wege gibt, das Selbstwertgefühl des anderen zu stärken, und zwar durch:

- Zustimmung zu dessen Werten;
- Positive Reaktion auf dessen Selbstbild;
- Wertschätzung der Person;
- Positive Reaktion auf dessen Ausstrahlung;
- Anerkennung seiner Leistung.

Wenn ich um die Werte, das Selbstbild, die Persönlichkeit, Ausstrahlung oder Leistung einer Person weiß, dann werde ich abschätzige Bemerkungen über das eine oder andere der fünf Merkmale ihres Selbstwertgefühls vermeiden, um ihre menschliche Würde unangetastet zu lassen. Andererseits reicht es, ein Merkmal hervorzuheben, wenn ich das Selbstwertgefühl einer Person stärken will. Das ist von Vorteil, denn nur selten schätzen wir das Selbstwertgefühl einer Person in jeder Hinsicht so ein wie diese selbst.

Wenn ich des anderen Werte geringschätze, er sie aber hoch, wenn ich sein Selbstbild für mißglückt, er es aber für gelungen hält, wenn ich seine Persönlichkeit verabscheue, er sie aber liebt, wenn ich seine Ausstrahlung für matt, er sie aber für glänzend hält, dann kann ich immer noch seine Leistung anerkennend erwähnen. Ist aber auch diese in meinen Augen schwach, dann übe ich mich besser in Enthaltsamkeit; es sei denn, jemand will meine aufrichtige Meinung erfahren.
Doch auch dann versuche ich das Gespräch so zu gestalten, daß es ihn nicht verletzt. Das gelingt mir am besten, wenn ich die im folgenden skizzierte themenzentrierten interaktionellen Methode anwende.
RUTH C. COHN, VON DER PSYCHOANALYSE ZUR THEMENZENTRIERTEN INTERAKTION, STUTTGART, KLETT-COTTA 1982

Ich, Du und das Thema

Im Dialog ist es ratsam, die Waage zwischen mir, dem anderen und dem Thema zu halten. Wenn wir den anderen in den Vordergrund rücken, ihn kritisieren, wird er alsbald unruhig. Seine Stimmung wird gereizt. Er beginnt, sich zu verteidigen, weil er seine Würde angegriffen sieht. Deshalb ist es gut, das Thema hin und wieder auf etwas Neutrales oder auf mich selbst zu lenken. Dies zu leisten ist noch schwerer, wenn ich die Waage in der Unterhaltung mit vielen Menschen halten muß. Denn niemand wird gerne vorgeführt. Ihn bloßzustellen ist seinem Menschsein unwürdig. Deshalb vermeide ich abschätzige Äußerungen über das Selbstwertgefühl einer anderen Person vor allem in Gruppen.

3. „Ich bin, weiß Gott, nicht tolerant."

Der Satz stammt von Heinz Becker, dem Alter ego des Kabarettisten Gerd Dudenhöfer. Er drückt treffend aus, was wir alle wissen: Die Toleranz ist nicht des Menschen stärkste Tugend. Das Obrigkeitsdenken, das uns lange Zeit prägte, hat Spuren in unseren Köpfen hinterlassen – auch wenn wir das nicht immer gern eingestehen.

Toleranz heißt dulden, ertragen, wenn andere Menschen mit ihrem Leben und ihrem Eigentum so verfahren, wie es ihnen gefällt, auch wenn es uns *mißfällt.* Toleranz will geübt sein, denn immer dann, wenn wir etwas beobachten, das unser Mißfallen erregt, schießt uns unwillkürlich eine Erziehungskillerphrase ins Großhirn: „Das macht man nicht." Dann wollen wir den anderen umstimmen; ihm sagen, was er zu tun und zu lassen hat. Dabei sollten wir ihn mit unserer Meinung bestenfalls beehren, aber keineswegs belehren oder gar bekehren. Seine Meinung verdient Respekt. Sie ist Ausdruck menschlicher Selbstbestimmung und Würde. Beide sind zu achten. Die Achtung vor der Meinungsäußerung des anderen verpflichtet selbstverständlich niemanden, die Meinung des anderen zu übernehmen und die eigene aufzugeben. Denn dies hieße, das *eigene* Recht auf Selbstbestimmung und eigene Meinung aufzugeben. Erinnern wir uns an das 2. Kapitel: Meinungen *annehmen* heißt nicht Meinungen *übernehmen.*

Toleranz heißt von der Elternrolle Abschied nehmen und in die Erwachsenenrolle schlüpfen. Auch wenn ich gewiß bin, daß mein Weg zum Erfolg führt, lasse ich den anderen gewähren, der eine andere Richtung einschlagen will. Und wenn ich mit ihm gemeinsam gehen muß, dann fordere ich ihn auf, mir seinen Weg zu beschreiben, und lade ihn ein, seinen und meinen Weg zu vergleichen. Gemeinsam wählen wir dann nach Sachargumenten die Strecke, die uns am besten zum Ziel führt. D. h. auch: Toleranz ist eine Tugend, die nur Sinn macht, wenn alle betroffenen Parteien sie achten. Intolerante verdienen keine Toleranz.

Toleranz hat aber auch ihre Grenzen. Sie kann nur gefordert werden, wo alle gleiches Recht besitzen. Z. B. hat jeder ein Recht auf eine eigene Meinung. Was für die

Sprache gilt, gilt auch für das Handeln. Toleranz bedeutet: kein Recht auf Eingriff in das Eigentum einer anderen Person. Und noch mehr: Sie bedeutet Respekt vor fremdem Eigentum.

„Du bist aber intolerant", antwortet der Sohn, wenn wir ihn bitten, MTV etwas leiser zu schalten. Dabei ist er der Intolerante, weil er nicht dulden will, wie wir unser Fernsehgerät behandelt haben wollen. Der Fernsehapparat gehört nun einmal dem Eigentümer. Und der sind Sie. Wenn Sie anderen – Ihren Kindern oder wem auch immer – Ihr Eigentum zur willfährigen Nutzung überlassen, spricht das für Ihre Großzügigkeit, nicht für Ihre Toleranz. Toleranz ist einforderbar, Freigebigkeit nicht.

„Der Chef war mal wieder äußerst intolerant. Obwohl wir alle für den Vorschlag des Kollegen Schubert waren, beharrte er dogmatisch auf seiner Entscheidungsgewalt." Eins von vielen Beispielen, wie mit dem Begriff der Toleranz Mißbrauch getrieben wird. Wenn wir mit unseren Mitarbeitern auf der Suche nach einer gemeinsamen Lösung uneins sind, und wenn wir alleine die Folgen der Entscheidung zu verantworten haben, dann ist unser Votum gegen den Vorschlag der anderen keineswegs intolerant. Im Gegenteil! Intolerant ist es, den Verantwortungsbereich eines anderen bei Bedarf zu untergraben.

Dennoch: Wer auf seiner Meinung beharrt, ohne auf die Argumente des anderen einzugehen, wirkt intolerant, obwohl stur das passende Etikett wäre. Wenn wir uns auf ein Arbeitsgespräch einlassen, müssen wir uns auch auf Argumente einlassen. Andernfalls büßen wir unsere Glaubwürdigkeit ein.

Sich auf Argumente anderer Personen einlassen kann heißen, von eigenen Lösungsvorschlägen abrücken; muß es aber nicht. Argumente sind immer kritisch zu prüfen. Kritik wiederum setzt die Existenz eines oder mehrerer Kriterien voraus. „Ihr Argument kann ich nicht gelten lassen", ist keine Kritik, weil kein Kriterium genannt ist. Der Satz ist lediglich eine Präferenzbekundung. „Ihr Einwand übersieht, daß unsere Lösung eine

Outputsteigerung um 20 % haben muß“, ist eine Kritik. Das Kriterium „Outputsteigerung um 20 %“ ist genannt und der Tadel für jedermann nachvollziehbar.
Ob ein Einwand meiner Kritik standhält, kann ich durch geschicktes Hinterfragen eruieren. Die Aussage „Auf die Art und Weise kommen wir nie zum Ziel“ ist noch nicht kritisierbar. Ich muß wissen, worauf der Einwendende Bezug nimmt. Welche Art und Weise ist gemeint? Die der Diskussion, die des zur Diskussion stehenden Vorschlages oder eine andere? Außerdem: Welches Ziel ist gemeint? Der Gewinn, der Umsatz, das Ziel des Einwendenden, das des Vorschlags oder ein anderes?
Die Argumentationskraft eines Einwandes kann ich geschickt freilegen, indem ich aktiv zuhöre und gezielt nachfrage. Erst dann, wenn ich sie kenne, kann ich einschätzen, ob sie uns bei der Lösung eines Problem vorantreibt. Selbst der auf den ersten Blick dümmste Einwand kann hilfreiche Anregungen enthalten. Ich kann nicht alles wissen. Schlimmer noch:

Ich weiß, daß ich nichts weiß. (Sokrates)

Grund genug, Toleranz gegen die Auffassung der anderen aufzubringen.
Alles Wissen ist fehlbar, meinte der österreichische Philosoph Karl Popper (1902-1995). Mit seiner Auffassung knüpfte er an Sokrates (470-399 v. Chr.) an, der, wie wir oben sahen, vorgab, nur eines sicher zu wissen, nämlich, nichts zu wissen. Weil jeder irren könne und selbst größte Gewißheit kein Ersatz für Wahrheit sei, sollten wir die Theorien anderer Menschen stets tolerieren und kritisch prüfen, so Popper. Zur kritischen Prüfung brauche man Kriterien, die auf bewährte Theorien zurückgreifen. Zwar seien auch bewährte Theorien kein Garant für Wahrheit, aber sie seien das Beste, das wir haben.
Aus Poppers Philosophie können wir viele Anregungen für den Arbeitsalltag entnehmen: Es ist stets gut, anderen sorgfältig zuzuhören. Ebenso gut ist es, deren Argumente sorgfältig zu prüfen und dabei gut bewährte Kriterien heranzuziehen. Kritische Toleranz ist zwar keine Garantie für erfolgreiches unternehmerisches Handeln mit anderen, aber sie ist das beste Rezept, das wir haben.

Das muß man tolerieren

Wie wichtig die Toleranz für ein friedliches Zusammenleben ist, sehen wir überall in der Welt. Fanatische Religionsgemeinschaften, die unterschiedlichen Bekenntnissen folgen, bekämpfen einander. Kaum ein großer Glaube, der keine unrühmlichen Kapitel in seiner Geschichte hätte: zuerst sucht man andere auf, dann unterrichtet man sie eindringlich, und schließlich knüppelt man in sie hinein, was sie nicht fressen wollen; frei nach dem Dreisprung-Motto „beehren, belehren, bekehren".

In der Tat war die Spaltung in Glaubensfragen die erste große Herausforderung an die Toleranz der Menschen. Als der Engländer John Locke 1689 in einem anonym veröffentlichen Toleranzbrief die Trennung von Kirche und Staat sowie die Duldung aller Glaubensrichtungen forderte, löste das bei der anglikanischen Kirche heftige Reaktionen aus.

Die Vehemenz seiner Gegner mag ein Ausdruck der Verzweiflung gewesen sein, denn Locke hatte überzeugende Gründe für die Religionsfreiheit angeführt: 1. Gott hat niemandem den Auftrag erteilt, für das Seelenheil anderer zu sorgen. 2. Durch Zwang kann der Staat niemanden zum wahren Glauben führen. Soweit reicht die staatliche Macht nicht. Glaube kann nicht per Gesetz erlassen werden. Nur Überzeugung kann den wahren Glauben wecken. 3. Erzwungener Glaube führt nicht zum Seelenheil.

Der Weg zu Gott ist unsicher. Es kann seiner viele geben. Außerdem kann jede Kirche irren und auf dem falschen Weg sein. Niemand kann die Richtigkeit seines Weges garantieren, auch nicht die Obrigkeit. Deshalb kann sie auch keine Überzeugung erzwingen. Aber die Überzeugung ist notwendig für das eigene Seelenheil.

KARL POPPER, OBJEKTIVE ERKENNTNIS, HAMBURG 1973; JOHN LOCKE, EIN BRIEF ÜBER TOLERANZ (A LETTER CONCERNING TOLERATION 1689), ÜBERSETZT, EINGELEITET UND ERLÄUTERT VON JULIUS EBBINGHAUS, HAMBURG, MEINER 1975, NACHDRUCK DER 2. VERBESSERTEN AUFLAGE; HARDY BOUILLON, JOHN LOCKE, DENKER DER FREIHEIT I, HG. VOM LIBERALEN INSTITUT DER FRIEDRICH-NAUMANN-STIFTUNG, SANKT AUGUSTIN, ACADEMIA VERLAG 1997

Selbstverständlich selbständig

Tolerieren heißt anderen die Freiheit für eigenverantwortliche Entscheidungen lassen. Tolerieren heißt somit selbständiges Arbeiten zulassen. Will ich zudem Entlastung und partnerschaftliche Mitarbeit fördern, dann ermutige ich meine Mitarbeiter zu selbständigem Handeln.

Selbständig heißt selbst stehen, ohne fremde Hilfe. Selbständig heißt aber auch für etwas stehen und für etwas einstehen. Von Mitarbeitern, vor allem von leitenden Mitarbeitern, wird heute überall selbständiges Arbeiten verlangt. Viele fühlen sich von dieser Forderung buchstäblich überfordert. Das hat viele Gründe. Einer der wichtigsten ist die mangelnde Praxis und die fehlende Anleitung. Ein kaum weniger wichtiger Grund ist die geringe Bereitschaft, Aufgaben zu delegieren. Aber ohne Delegation kein selbständiges Arbeiten. Wenn ich richtig delegiere, dann schaffe ich für viele Mitarbeiter genügend Raum für selbständiges und eigenverantwortliches Arbeiten. So wird selbständiges Arbeiten zur Selbstverständlichkeit.

Wie delegiere ich richtig?

Delegieren – was und an wen?

Delegieren ist recht einfach. Es braucht nur etwas Übung und Vertrauen in andere. Delegierbar sind auf jeden Fall:

- ❍ *Routinearbeiten;*
- ❍ *Spezialistentätigkeiten;*
- ❍ *Detailarbeiten.*

Nicht delegierbar sind:

- ❍ *unternehmenspolitische Entscheidungen;*
- ❍ *die eigenen Führungsaufgaben;*
- ❍ *akute Aufgaben, die keinen Aufschub dulden;*
- ❍ *streng vertrauliche Angelegenheiten.*

Alle Aufgaben, die ich Mitarbeitern anvertrauen will, kann ich auf ihre Delegierbarkeit hin prüfen, indem ich folgende vier Fragen beantworte:

1. Was soll getan werden?
2. Wer soll es tun?

3. Womit soll er es tun?
4. Wann soll er es erledigt haben?
Wenn Sie Objekt, Subjekt, Hilfsmittel und Zeitrahmen festgelegt haben, können Sie unbesorgt delegieren. Wenn Sie auf Nummer Sicher gehen wollen, dann sollten Sie weitere Ratgeber zum Delegieren konsultieren.
LOTHAR SEIWERT, MEHR ZEIT FÜR DAS WESENTLICHE, LANDSBERG AM LECH, VERLAG MODERNE INDUSTRIE 1995

Selbständiges Arbeiten heißt arbeiten wie Selbständige

Für einen Selbständigen bedeuten Mißerfolge Kundenverlust, Erfolge Kundenbindung. Von einem leitenden Mitarbeiter sollten wir verlangen, daß er uns als Kunde betrachtet, den er langfristig gewinnen will. Die delegierte Aufgabe ist sein Auftrag, die zugestandenen Hilfsmittel sein Budget und der Erledigungszeitpunkt sein Liefertermin. Ist der Auftrag erteilt, dann schlüpfen wir in die Kundenrolle. Wir warten geduldig den Liefertermin ab. Auf kluge Ratschläge, wie der Dienstleister sein „Produkt" herzustellen hat, verzichten wir. Gute Produkte beloben wir, schlechte tadeln wir. Gute Produkte führen zur Fortsetzung der Delegation, schlechte zu deren Einstellung. Und wenn wir der leitende Mitarbeiter sind, dann sollten wir unseren Boß als Kunden betrachten. Die delegierte Aufgabe ist dann unser Auftrag, die zugestandenen Hilfsmittel unser Budget und der Erledigungszeitpunkt unser Liefertermin.
Selbständiges Arbeiten fördert die Verantwortung, aber auch den Mut zum Risiko. Dieser Mut fehlt vielen Menschen. Zum Teil wurden sie entwöhnt, Mut zu beweisen. Wir versichern uns gegen jedes erdenkliche Risiko. Doch diese Absicherungsmentalität kennt auch ihre Übersprungshandlungen: Verantwortungsvolle Manager, die jedes Risiko im Griff haben, stürzen sich tollkühn, an langen Gummifäden hängend, in die Tiefe: auch ein Kennzeichen der mutentwöhnten Gesellschaft. Wenn meine Mitarbeiter aber weder Selbständigkeit noch eigenverantwortliches Handeln noch Mut zum Risiko nachfragen, warum soll ich ihnen dann welche anbieten? Zum einen, weil jede Delegation mich entla-

stet und mehr Ressourcen nutzt (nämlich das Wissen und Know-how der Mitarbeiter), also langfristig effizienter ist als Nichtdelegation.

Zum anderen sind Courage wie auch selbständiges und eigenverantwortliches Handeln nicht nur Mittel zum Ziel. Sie sind auch Selbstzweck. Das meinte jedenfalls der deutsche Universalgelehrte Wilhelm von Humboldt. Für unsere Zeit klingen die Worte Humboldts ein wenig antiquiert: „Der wahre Zweck des Menschen – nicht der, welchen die wechselnde Neigung, sondern welchen die ewig unveränderliche Vernunft ihm vorschreibt – ist die höchste und proportionierlichste Bildung seiner Kräfte zu einem Ganzen. Zu dieser Bildung ist Freiheit die erste und unerläßliche Bedingung. Allein außer Freiheit erfordert die Entwicklung der menschlichen Kräfte noch etwas andres, obgleich mit der Freiheit eng Verbundenes: Mannigfaltigkeit der Situationen."

Wir würden Humboldts Ideen wahrscheinlich so zusammenfassen: Das Ziel des Menschen ist, seine Tugenden und Talente harmonisch auszubilden. Dazu muß er frei sein und die Möglichkeit haben, sich im Leben zu bewähren. Die Möglichkeit, Selbständigkeit, Mut und Eigenverantwortlichkeit zu beweisen, gehört dazu. Wir erweisen also den Menschen, denen wir die Chance zu selbständigem Arbeiten geben, den Gefallen, mehr aus ihrem Leben zu machen.

Wilhelm von Humboldt, Ideen zu einem Versuch, die Grenzen der Wirksamkeit des Staats zu bestimmen, mit einem Nachwort von Robert Haerdter, Stuttgart, Reclam (Universal-Bibliothek Nr. 1991 [3]) 1967

4. Nur Mut!

Isaac: „Das wichtigste im Leben ist Mut."
Anne: „Das Argument braucht er jetzt schon 20 Jahre."
Isaac: „Dann stelle ich mal folgendes zur Debatte. Also, wir vier, wir gehen zusammen über eine Brücke, und da unter uns, unten im Wasser ertrinkt gerade jemand. Würden wir den Mut haben, ich meine, würde einer von uns ins Wasser springen und den Ertrinkenden retten? Das ist die Kardinalfrage. Ich kann nicht schwimmen. Also für mich erübrigt sich die Frage."

Schön, wenn es so einfach wäre. Doch so leicht, wie Woody Allen als Isaac in seinem Film *Manhattan* der Kardinalfrage entschlüpfen möchte, geht es nicht. Mut – ja oder nein? Um diese Frage kommen wir gar nicht umhin, ob wir nun Schwimmer sind oder nicht. Zugegeben, von Nichtschwimmern wird man nicht verlangen, ins Wasser zu springen, um einen Ertrinkenden zu retten. Das zöge nur eine unendliche Kette von Ertrinkenden nach sich. Mut setzt voraus, daß man die Herausforderung tatsächlich bestehen kann. Wäre Isaac ins Wasser gesprungen, dann wäre er nicht mutig, sondern töricht gewesen.

Mut ist eine Tugend, die geübt sein will. Das gilt für Schwimmer wie für Nichtschwimmer. Wir müssen unseren Mut gewiß nicht jeden Tag auf die Probe stellen. Aber irgendwann kommt jeder von uns zum ersten Mal in die Situation, in der er seinen Mut beweisen oder seine Feigheit eingestehen muß – sowohl sich wie auch den anderen. Als wir noch Erstklässler waren und uns der Rabauke aus der 2. Klasse den Schulranzen vom Rücken riß, um triumphierend seinen Fuß darauf zu stellen, während alle umherstehenden Kinder im Chor „Feigling, Feigling" riefen, spürten wir die Herausforderung zum ersten Mal.

Gewiß, es ist nie einfach, mutig zu sein. Uns fehlt die Übung. Deshalb ist es keine Schande, wenn man beim ersten Mal versagt. Schändlich ist nur, wer immer kneift und sein Versagen im nachhinein schönredet. Viele, die in der Stunde der Wahrheit vom Mut verlassen werden, sind im nachhinein verdächtig emsig, wenn es darum geht, Gründe für die unterbliebene Tapferkeit zu finden. Nur selten gestehen sie sich, und noch seltener den anderen, ein, feige gewesen zu sein.

Weil man sich nicht gerne schämt, und schon gar nicht öffentlich, bemüht man geheimnisvolle höhere Werte, die angeblich Zurückhaltung gefordert hätten. Andere suchen Zuflucht in vermeintlich großen Nöten, die sie vom mutigen Eingreifen abgehalten hätten. Wir alle kennen sie und sind es manchmal selbst: die guten Freunde, die treuherzig versichern, sie hätten uns bei der Schlägerei gewiß herausgeboxt, wären sie nicht Brillenträger. Noch edler sind jene, die im nachhinein die hohe Tugend der Gewaltlosigkeit predigen. Nur deretwegen hätten sie schweren Herzens sich aus allem herausgehalten.

Ähnlich geht es uns in Sitzungen, in denen der allmächtige Vorstandsvorsitzende oder Abteilungsleiter um Stellungnahmen bittet, dann aber jeden abkanzelt, der den Mut zu kritischen Bemerkungen aufbringt. Und während der Aufmüpfige in seine Schranken verwiesen wird, üben sich alle in betretenem Schweigen, auch die, welche den Mutigen zur Kritik ermuntert hatten. Hinterher wissen sie alle, warum sie geschwiegen haben: „Das war der falsche Moment ... So kann man ihm das nicht sagen ... Ich habe die ganze Zeit darauf gewartet, daß der Ziegler in Euren Disput eingreifen würde. Ich wollte ihm nicht vorgreifen, aber der bekam mal wieder den Mund nicht auf ... Ich hätte Dir ja gerne beigestanden, aber dann wäre die Sache nur eskaliert ... Ich kann mir wirklich keinen Ärger mehr mit dem Boß leisten ... Ich mußte mich bremsen, so war mir der Kamm geschwollen ...“ usw. usw. Es ist gut, wenn andere mutig sind, aber es ist unklug, selbst mutig zu sein. Wir klopfen allemal den Mutigen lieber anerkennend auf die Schulter, als selbst etwas zu wagen. Lob kostet nicht viel, aber Mut verlangt ein hohes Wagnis. Und weil nun mal die meisten eher feige sind, denkt so mancher: Was soll’s, dieses Gerede vom Mut. Sind die anderen vielleicht mutig? Und wenn die es nicht sind, warum soll ich es sein?

Vom Mut zur Courage

Auf die Frage, ob Mut erstrebenswert sei, hält die Philosophie eine anregende Antwort bereit. Der griechische Philosoph Platon (427-347 v. Chr.) hatte den Mut neben die Weisheit, Mäßigkeit und Gerechtigkeit gestellt. Er glaubte, mit diesen vier Tugenden einen idealen Staat schaffen zu können. Dazu hatte er alle fein säuberlich aufgeteilt. Wer für die Nahrung sorgt, soll mäßig sein, nicht prassen. Wer den Staat lenkt, soll weise sein, nicht töricht. Und wer den Staat gegen andere verteidigt, soll mutig sein statt feige. Nur die Gerechtigkeit war eine Tugend, die für alle da war. Gerecht ist, wer seine Aufgaben richtig erfüllt; der weise Politiker, der maßvolle Bauer, der tapfere Soldat.

Wäre der Mut nur die Tugend der Soldaten, dann könnten die meisten von uns den Mut gar nicht aus eigener Erfahrung kennen. Um den Mut ist es ruhig geworden, denn wir leben im Frieden. Kriegsschauplätze sind Ausnahmen in Europa. Mit Platon haben wir heute wenig am Hut, wenn wir an Mut denken. Mit Mut verbinden wir Zivilcourage und Menschen, die anderen aus der Not, der Gefahr heraushelfen: Lebensretter, Feuerwehrleute; Menschen, die im Alltag Mut beweisen.

Die Redewendung „Mut beweisen“ spricht dabei für sich. Mut muß sich weisen. Er muß für andere sichtbar sein. Mut findet nicht im Kopf statt. Sonst wäre es sehr einfach, denn auch Jammerlappen haben kühne Träume. Doch Mut existiert nur in der Tat. Wie andere Tugenden auch, kann er nicht gedacht und nicht gelehrt werden. Tugenden muß man üben – wie Geige, Gitarre oder Tennis.

Der griechische Philosoph Aristoteles (384-322) hatte das früh erkannt: Ich bin nicht maßvoll, wenn ich weiß, wie man einteilt. Ich muß in Maßen leben, um maßvoll zu sein. Ich bin auch nicht tapfer, wenn ich weiß, wie man mutig ist. Ich muß meinen Mut beweisen. Tugend ist eine Fertigkeit wie andere auch. Es gibt viele Leute, die bestens wissen, wie Boris Becker gegen Pete Sampras gewinnen könnte. Wissen ist eine Sache, Können eine andere.

Jede Fertigkeit erfordert Augenmaß und Abwägung. Das gilt auch für den Mut. Der Tollkühne ist genausowenig mutig wie der Feige, weil er weder Augenmaß noch Kenntnis beweist. Mutig ist, wer das goldene Mittelmaß zwischen den Extremen Feigheit und Tollkühnheit einhält. Nicht Geiz, nicht Prasserei,

sondern Großzügigkeit, nicht Wollust oder Stumpfheit, sondern Mäßigung ist gefordert. Natürlich darf man auch einmal über die Stränge schlagen, mal feige sein, mal im Luxus schwelgen. Das goldene Mittelmaß ist eine Richtschnur im Leben. Das Leben wäre kaum lebenswert, wenn es keine Ausnahmen zuließe.
War Don Quijote mutig? Er war sicherlich liebenswert, weil er sich aus Liebe mit den Windmühlen einließ. Aber er verkannte die Wirklichkeit. Die Windmühlen bedrohten weder ihn noch seine Geliebte. In diesem Sinne war er nicht mutig und konnte es trotz bester Ambitionen nicht sein.

Mut setzt Wissen voraus

Mut braucht die Kenntnis der wirklichen Welt, das Wissen um die Gefahr und darum, daß der Einsatz lohnt. Es erfordert keinen Mut, wenn man nicht scheitern kann. Die Partei der Stärkeren kann auch der Feige ergreifen.
Aber wenn ich merke, daß der Vorstand, der Direktor oder auch nur der Abteilungsleiter die Belange der Firma vernachlässigt, sollte ich meinen ganzen Mut zusammenfassen und meine Stimme erheben. Meine und die Zukunft vieler anderer im Betrieb ist gefährdet, wenn ich weiter schweige. Das Ziel lohnt den Einsatz des Mutes.
Dennoch: der wahrscheinlich „bewegendste" Grund, mutig zu sein, liegt selten in hehren Zielen denn in unserem Gemüt. Die Einsicht, daß wir feige waren, nagt an unserem Gewissen. Die innere Stimme sagt nun mal nicht: Sei feige. Sie sagt auch nicht: Sei ungerecht und verprasse alles. Sie sagt das Gegenteil. Wir wissen das. Und so gerne wir es vielleicht wollten: Wir können nicht vor dem fliehen, das wir als richtig erkannt haben.
„Nur Mut", ermuntert Alice im Wunderland den furchtsamen Löwen. Und der Löwe zeigte endlich Mut.
PLATON, DER STAAT, SÄMTLICHE DIALOGE, BAND 5, HAMBURG, MEINER 1988; ARISTOTELES, NIKOMACHISCHE ETHIK, PHILOSOPHISCHE SCHRIFTEN BAND 3, HAMBURG, MEINER 1988

Vertrauen ist gut, Controlling ist besser

Walter Sch. stand vor einer schweren Entscheidung. Er leitete seit einem halben Jahr die Controllingabtei-

lung der Firma, in der er vor 17 Jahren seine ersten Berufserfahrungen gesammelt hatte. Anfangs hatte er nur einen vagen Verdacht. Doch seit kurzem wußte er sicher, daß einer der Bereichsleiter, den er noch von früher kannte, wiederholt krasse Fehlentscheidungen zum Schaden der Firma getroffen hatte. Er hatte ihn bereits zwei Mal um ein Gespräch gebeten, wurde aber immer larmoyant vertröstet.

Walter Sch. fühlte sich der Situation nicht gewachsen. Er wollte nicht illoyal sein. Außerdem fürchtete er, nur die Spitze eines Eisberges entdeckt zu haben, und glaubte, daß mindestens drei der Bereichsleiter miteinander „kungeln" würden. Diese Vermutung ließ ihn annehmen, daß er mit einer Offenlegung der Fakten kaum Erfolg haben würde. Andererseits ließ ihn sein Wissen nicht ruhen, denn er befürchtete, daß weitere Fehlentscheidungen des besagten Bereichsleiters den Fortbestand zumindest einiger Unternehmensstandorte ernsthaft gefährden könnten. Außerdem ärgerte ihn, daß man ihn, wie er jetzt argwöhnte, nur deshalb zum Leiter der Controllingabteilung berufen hatte, weil man von ihm erwartete, daß er „kuschen" würde.

Bis zu seiner endgültigen Entscheidung hatten wir mehrere Gespräche geführt. Walter Sch. legte immer mehr Einzelheiten auf den Tisch. Er war lange Zeit wankelmütig. Mal war er nahe dran, sich ein Herz zu fassen und an den Vorstand zu berichten, dann wieder zögerte er: „Wer weiß, vielleicht bringe ich ein ganzes Kartenhaus zum Einsturz. Damit ist niemandem gedient."

Doch dann rang er sich durch. Er rief seinen Bereichsleiter an und stellte ihm ein Ultimatum: entweder ein klärendes Gespräch unter zwei Augen innerhalb einer Woche oder der Vorstand erhielte einen ungeschminkten Controllingbericht. Der Bereichsleiter tobte: „Was denken Sie, wer Sie sind, daß Sie mir ein Ultimatum setzen." Walter Sch. blieb ruhig, beharrte auf seiner Forderung und verwies auf seine mehr als faire Haltung. (Diese Gesprächssituation hatten wir vor der Kamera geprobt.). Der Bereichsleiter verlor letztlich die Contenance und knallte den Hörer auf die Gabel. Die nächsten vier Tage mied man sich.

Am Tag, als das Ultimatum ablief, ließ der Bereichsleiter Walter Sch. in sein Büro zitieren, trat dabei äußerst jovial und freundlich auf, dankte ihm für sein Engagement, erwähnte auch zwei der Fehler, die Walter Sch. entdeckt hatte, spielte deren Bedeutung aber herunter bzw. tat so, als seien sie vom Vorstand getragene Maßnahmen gewesen. Außerdem kündigte er einige Änderungen an. Man trank Kaffee und plötzlich schien alles vergessen. Vergessen hatte der Bereichsleiter allerdings nichts. Die ganze Woche hatte er nichts anderes getan als seinen Kopf gerettet. Er hatte Rückendeckung beim Vorstand gesucht und – weil man gemeinsame „Leichen" im Keller hatte – erhalten. Er hatte an Macht eingebüßt, konnte aber sein Gesicht wahren. Walter Sch. war sein Feind geworden. Aber er durfte ihn nicht attackieren. Im Gegenzug verzichtete der Vorstand darauf, den Bereichsleiter bloßzustellen. Walter Sch. wurde also weder gemobbt noch gefördert. Der Vorstand war letztlich als lachender Gewinner aus dem Streit hervorgegangen. Aber das war Walter Sch. egal. Er war stolz, Mut bewiesen und die befürchteten Folgen für die Firma abgewendet zu haben. Er war, wenn auch nicht mit der Welt, so doch mit sich vollauf zufrieden. Als er am folgenden Morgen im Badezimmer vor den Spiegel trat, wurde ihm plötzlich klar, was es heißt, sich selbst wieder in die Augen sehen zu können. Daß sein Verdienst nicht honoriert wurde, ärgerte ihn zwar, aber nur am Anfang. Nach wenigen Tagen klang sein Groll ab. Vor kurzem erhielt er ein überaus interessantes Angebot von einem Headhunter. Ich weiß nicht, wie er sich entschieden hat.

5. Seien Sie doch zufrieden!

Zufriedenheit ist das eine, Glück das andere. Wenn wir nach unseren Werten handeln, können wir mit uns zufrieden sein. Ob unser Handeln indes von Glück begleitet werden wird, steht offen. Die Zufriedenheit hat etwas mit Frieden gemein. Sie beschreibt einen ausgeglichenen Zustand, der eine angespannte Lage ablöst, so wie es auch die Befriedigung tut. Zufriedenheit kann durch vieles hervorgerufen werden, vor allem durch Handlungen, die im Einklang mit den Werten und Prinzipien des eigenen Lebens stehen. Ein Bauer, der nach vollbrachter Arbeit ein Pfeifchen schmaucht, eine Friseuse, die nach 30 Haarwäschen in die Disco eintaucht, ein Unternehmer, der nach zähen Verhandlungen ein Vertragswerk unterzeichnet, oder ein Autor, der nach langen Wochen am Schreibtisch endlich beim letzten Kapitel angekommen ist: sie alle können mit dem Ergebnis zufrieden sein. Ob sie auch glücklich sind, ist eine andere Frage. Manchmal geht das Glück der Zufriedenheit voraus oder mit ihr einher, manchmal nicht.

Zum Glück gibt's ja das Glück

Woody Allen hat einmal gesagt, es sei leicht, glücklich zu sein, wenn man nur darauf achten müsse, wohin die Spucke fällt. Der Stumpfe ist eben schnell zu befriedigen. Aber was nutzt uns der Zustand des Stumpfen. Wir haben nun mal Verstand und müssen sehen, wie wir damit zurechtkommen. Der Weg zum Glück ist dadurch allemal weiter. Aber: Was ist das eigentlich, Glück? Glück ist zum einen die Abwesenheit von Unglück oder Pech. Deshalb sagen wir gelegentlich: „Da habe ich aber noch einmal Glück gehabt." Z. B. wenn die Steuerprüfung an uns vorbeigegangen ist, wir bei einem Unfall glimpflich davongekommen sind oder rechtzeitig merken, daß wir noch die falsche Kassette im Videorecorder haben. Aber mit Glück meinen wir weit mehr als das Gegenteil von Pech.

Glück meint auch ein Gefühl, wie Liebe und Freiheit, ein erhebendes Gefühl, vielleicht das höchste Gefühl überhaupt. Jedenfalls denken die meisten von uns so. Das ist auch der Grund, warum wir nach Glück streben. Denn wer ist nicht gerne glücklich?
Dennoch: Manche Menschen freuen sich öfter als andere. Sie sind bereits glücklich, wenn ihre Nachbarin wieder einen Job hat, wenn die Sonne scheint usw. Sie sind glücklich über Ereignisse, die anderen oder ihnen Freude bereiten. Freude darüber, daß etwas der Fall ist, ist eine Form des Glücklichseins. Aber es gibt noch eine andere; eine, die uns tiefer ergreift, uns ganz erfüllt. In diesen Momenten des Glücklichseins erstreben wir nichts anderes: ein Brautpaar am Hochzeitstag, ein Manager nach einer Sternstunde eigenen Verhandlungsgeschicks – Momente, in denen alles Angenehme aufeinandertrifft.
Jeder von uns kennt diese kurzen, flüchtigen Momente des Glücks, ihre scheinbare Zeitlosigkeit, und jeder würde sie gerne festhalten. Doch sie zerrinnen wie feiner Sand in unserer Hand.

Zur Philosophie des Glücks

Schon die alten Griechen wußten, daß das Glück nicht aufzuhalten ist, und sie strebten nach etwas anderem, nach Glückseligkeit. Aristoteles glaubte, jeder Mensch könne an der Glückseligkeit teilhaben. Er müsse nur das Gute erkennen, wollen und danach streben. So werde er zum Schmied seines eigenen Glücks. Glückseligkeit galt mehr als das momentane Gefühl des Glücks. Es war die oberste Leitlinie für ein sittliches Leben in der Gemeinschaft. Wer sein Leben gelebt hat, der kann, wenn er sein Leben denn als geglückt betrachtet, tiefe Zufriedenheit empfinden. Er kann eine Art von Glück verspüren, die anders ist als die Empfindung von Glück über ein positives Ereignis oder die momentane Empfindung von Autarkie. Sein Gefühl ist andauernder und kann durch Erinnerung wieder und wieder hervorgerufen werden.

Dem Glück eine Chance geben

Wie auch immer unser Glücksgefühl sein mag: Wenn wir nur eine geringe Veranlagung zur Empfindung von Glück mitbringen und nichts zu deren Förderung unternehmen, dann wird das Glück kaum den Weg zu uns finden.

Wir müssen dem Glück eine Chance geben

Glück kommt selten beim Grübeln oder Granteln. Paul Watzlawick erzählt in seiner Anleitung zum Unglücklichsein eine Geschichte von einem Mann, der vorhat, einen Hammer von seinem Nachbarn zu borgen, aber lange darüber sinniert, ob sein Nachbar seiner Bitte wohl nachkommen würde. Er grübelt so lange und unterstellt seinem Nachbarn dabei alle möglichen Schlechtigkeiten, daß seine Absicht, einen Hammer zu borgen, letztlich scheitert. Ein offenes Herz für das Glück, aber auch ein gutes Leben sind solide Grundlagen für späteres Glück. Wer anderen hilft, Gutes tut und Böses läßt, hat größere Chancen, Glück zu erfahren, als andere.

Doch das Glück bleibt auch schon mal aus, obwohl wir alles mögliche dafür getan haben. Glück läßt sich nicht planen, nicht erzeugen. Da kann man froh sein, wenn man halbwegs mit dem Ergebnis seiner Bemühungen zufrieden ist.

Glück allein reicht nicht

Glück ist wichtig für den seelischen Ausgleich, für den Seelenfrieden. Wir streben danach, und dennoch wäre es dumm, nur nach Glück zu streben. Stellen wir uns vor (wie es der amerikanische Philosoph Robert Nozick tat), wir könnten uns an eine Erfahrungsmaschine des Glücks anschließen oder eine Droge einnehmen, die dasselbe bewirkte. Diese Maschine oder Droge ließen uns andauernd Glück empfinden, z. B. das Glück, einen Menschen zu lieben, ein Lied zu spielen oder ein Buch zu schreiben. Auf diese Weise könnten wir bei allem, was wir täten, glücklich sein, beim Tanzen und Singen ebenso wie beim Arbeiten und Morden. Unsere Empfindungen wären von dem losgelöst, was sie normalerweise auslöst: vom Alltäglichen und dem Wert, den wir ihm zuschreiben. Beim Tanzen und Singen können wir auch in der Wirklichkeit glücklich sein, viele auch beim Arbeiten.

Aber wer ist glücklich beim Morden? Wohl niemand. Wir können beim Morden kein Glück empfinden, weil wir das Morden nicht gutheißen. Für uns ist eben manches gut und anderes böse. Und nur, wenn wir Gutes tun, können wir das sich dann einstellende Gefühl der Zufriedenheit als Glück empfinden. Ein Mörder kann über seinen Mord zufrieden sein, aber er kann nicht glücklich darüber sein. Eine Erfahrungsmaschine des Glücks oder eine Glücksdroge würden das Band zwischen dem guten und glücklichen Leben zerreißen. Und sie würden das Band zwischen uns und den anderen zerreißen. Beides wollen wir nicht.

Robert Nozick, Vom richtigen, guten und glücklichen Leben, München dtv sachbuch 30382, 1991

Wir wollen das Glück mit anderen teilen, an deren Glück teilhaben. Und das geht nur, wenn wir uns mit der Wirklichkeit einlassen. Wir wollen nur Glück, das auch „gut" ist. Wir wollen eine Verbindung zwischen Empfindung und Wirklichkeit. Der Mensch hat eine angeborene Vorliebe für die Wahrheit oder für das, was er dafür hält. Niemand ist „so recht" glücklich über einen Triumph, den er nicht wirklich verdient hat.
Bei den Olympischen Spielen in München 1972 lief ein junger Mann just in dem Moment durch die Sperren ins Stadion, als die Menge den Sieger des Marathonlaufes erwartete. Er erlebte den wohl größten Beifall seines Lebens, weil die Zuschauer ihn irrtümlich für den Sieger hielten. Er mag diesen Moment als Triumph empfunden haben. Aber konnte er wirklich glücklich darüber sein? Wenn überhaupt, dann trübte die Selbsttäuschung, Olympiasieger zu sein, sein Glücksempfinden.
Die Seele ist nicht dafür gemacht, andauernd Glück auszuhalten. Zuviel Glück ist unerträglich. Sicher, das vollkommene Glück ist eine schöne Vorstellung, weil sie die Idee der Leichtigkeit in die Schwermut hineinträgt. Doch auch anhaltende Leichtigkeit ist kaum zu ertragen, wie Milos Kundera in seinem Roman *Die unerträgliche Leichtigkeit des Seins* geschildert hat.
Was die alten Griechen für das wahre Glück hielten, eben die Glückseligkeit, hat gegenüber dem flüchtigen

Glückserlebnis einen gewaltigen Vorteil. Die Glückseligkeit leidet nicht unter Glückseinbrüchen. Glückselig kann auch sein, wer einmal Pech hat. Glückselig kann auch sein, wer mehr anstrebt als dauerhaftes Glück.
Wer die Glückseligkeit anstrebt, kann die Vielfalt des Lebens dieser Aufgabe widmen. Wenn wir nur im Dauerzustand des Glücks leben wollten, dann bräuchten wir keine Talente. Dann bräuchten wir keine Vernunft und keinen Verstand, die uns sagten, wie ein glückseliges Leben möglich werden kann. Dann bräuchten wir auch keine Anstrengungen, keine Unternehmungen, die uns dem glückseligen Leben näherbringen. Streng genommen bräuchten wir dann überhaupt kein Leben mehr, weil wir ja schon da wären, wo wir durch das Leben erst hinkommen wollen.
Ein Leben ohne Vielfalt wollen wir nicht. Andauernd im Glück baden ist nicht abendfüllend. Wir wollen auch mal leiden, nachdenken, trauern, aufbrausen, ausrasten, eben anders sein, anders empfinden. Es ist ja gerade die Vielfalt unserer Empfindungen, die uns das Glück als Glück empfinden läßt. Erst dadurch, daß wir auch anderes empfinden können, wissen wir, was das Glück für uns bedeutet. Glück allein genügt nicht, und doch genügt wenig, um glücklich zu sein. Spielende Straßenkinder in Bogota oder Sao Paulo können glücklich sein, auch wenn sie nicht wissen, was sie am anderen Tag essen werden. Und wer von Gourmettempel zu Gourmettempel eilt und im eigenen Flugzeug von Termin zu Termin jettet, kann trotz allem unglücklich sein. Aber er muß es nicht. Er hat mehr Möglichkeiten zu einem geglückten Leben als die meisten Menschen.

Deshalb: Geben auch Sie Ihrem Leben eine Chance zum Glück. Gestalten Sie Ihr Leben nach Werten, die Respekt vor anderen Menschen bezeugen und Ihr Leben wie auch das der anderen erfüllen. Es lohnt sich! Fangen Sie an!

Barbara Bailey Reinhold

Arbeit • Droge oder Elixier

Von Überlastung, Streß und Burnout-Syndrom
zum Rundum-Glücklichsein

Dieses Buch zeigt Ihnen, wie Sie in Ihrem Job erfolgreich, ausgeglichen und glücklich werden.
„Wirksame Strategien gegen ungute Arbeitsbedingungen." BERLINER MORGENPOST

ISBN 3-85436-204-8 / 288 Seiten
DM 39,80 / öS 291,– / sFr 37,–